#1 日本北國優駿公園馬拉松

正在專心做熱身操

在汽球冉冉升空中開跑。
慶典般的熱鬧，令人熱血沸騰！

#1

#1

馬兒也在旁邊幫忙加油！

#1

奔跑吧！速度相當快唷！

#1

只要體驗過一次，就忘
不了抵達終點的成就感

#1

在令人神清氣爽的草地上玩尋寶
遊戲或是拔河，馬拉松後的娛樂
活動也很豐富！

#2

#2

秋葵的花

#2

#2

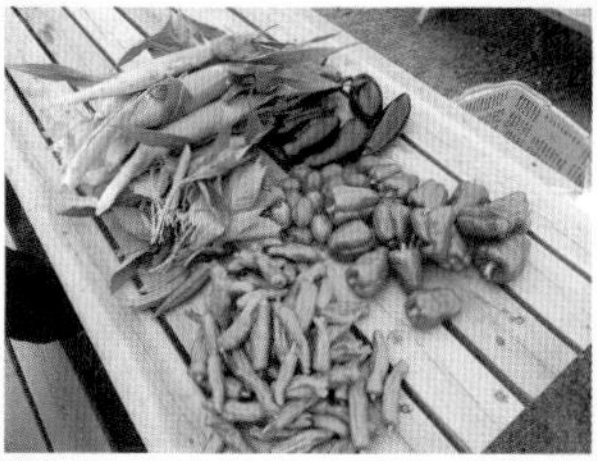

色彩豐富又漂亮的夏季蔬菜

#2

#2

農場最特別的是可以直接啃咬剛採收下來的胡蘿蔔！連白蘿蔔也可以直接吃！

#2

為了想要拔超大蘿蔔而摔一跤的 6 歲兒子

#2

心情很好地在捏泥巴

#2

插秧體驗

#2

#2

好吃的馬鈴薯

#2

5 月時種下的稻米，9 月收成。可以體驗到用鐮刀收割、綁成一束再曬乾的過程。

#2

#3 富士山滿月浴

#3

寶永山莊

#3

#3

#3

#3

等待日落

#3

寶永第一火山口

#3

#3

從眼下的雲海中，悠悠地出現一輪紅色滿月。日落後，即可在黑暗中看到宛如太陽般閃亮的明月。

#4

清澈的河川流水

#4

烹煮咖哩中

#4 露營

#5 釣魚

在橫濱離岸海上，目標是要釣到竹筴魚與鯖魚。
只要掌握釣魚重點就能滿載而歸。

#4

矇眼打西瓜遊戲

#5

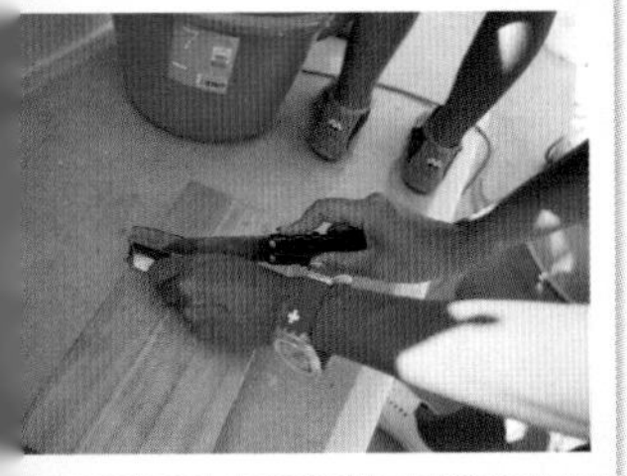

#5

自己釣到魚了，超興奮！

#5

釣冰魚

#5

將紅鮭做成生魚片

#5

人工管理釣魚場

#6

#6 山梨八岳親子時尚度假村

森林空中散步以及越野腳踏車等的專用路徑，
親子時尚度假村內的活動會經常更新。

#5

#5

全家人一起挑戰紙黏土創作

#5

山梨八岳豐富的自然景觀

#6

陽光廚房

#6

#7 札幌雪祭

#6

萬聖節

#6

富士見全景度假村滑雪場

#7

用竹製滑雪板滑雪

#7

大通公園內的故宮博物院雪雕作品。可以漫步在攤販之間，享受北國的好滋味

竟然可以這麼接近鯨魚！

#8 高知的賞鯨活動

乘船的狀況很悽慘！（笑）

#9

海豹餵食體驗

#9

海豚運來一個內有
禮物的防水箱

#9 下田海中水族館

#9

夏威夷的海豚探索活動

#9

自己下指令讓海豚跳躍！
在眾多觀眾面前進行訓練
師體驗，相當緊張！

#10 四季劇團《獅子王》

#10

百老匯英文版劇情稍微有些不同，絕對不容錯過在此觀賞戲劇的機會

#10

第 6 次

#10

第 5 次

#10

百老匯

#10

特製的生日蛋糕

#12 鋼琴

#12

兒子超級熱愛音樂。小號與大提琴是他的寶貝。5 歲時的鋼琴發表會，是生平第一次的大型舞台表演。

#13

#13

#13

#13 繪畫教室

自由愉快的畫作。「長頸鹿親子」（右上）榮獲普利司通兒童環保繪畫比賽入選，「黃色的老先生」（中上）獲得全日本學生美術展評審推薦獎、5 歲時畫的「自畫像」（左上）、六歲時畫的「老虎」（中）。

#5

滑雪營

#5

最喜歡的小隊輔

YMCA

#14

開心的游泳夏令營。
交到好多朋友。

#15

#15

#15

難波探索營隊

室內外的活動都相當豐富。每天都會上傳許多照片給父母們看，看到孩子即使初次進入全英語的環境也能展現出開心、有興趣的表情，真是安心多了

#15

#15

自己做菜

#15

日記時間

#15

#15

營火晚會

#15

#16 普羅旺斯之旅

主會場之一的室外表演廳。像是草原般的地點也可能會突然出現舞台，是很有趣的地方

與小曾根真等人合影

#16

備有美味餐廳的酒店

#16

與表演廳鄰近的公園，休息時間可以在此野餐。眾人們如此享受音樂、享受人生的模樣，實在是太美好了

#16

法國最美的村莊之一，景色絕佳的戈爾代

#16

#16

亞威農

#16

#16

位於尼斯郊外，聖讓一間住宿加早餐飯店（Chambre d'hôte）。老闆夫妻自己開山闢土、親手打造的民宿，他們研究得到一種可兼顧環境與環保、永續經營的新興生活方式。

#16

與小羊合照

#16

#16

浴室

#17

彷彿是一間移動式渡假飯店—
「迪士尼郵輪 Wonder 號」

#17

迪士尼郵輪

漂浮在加勒比海上的迪士尼私人島嶼—漂流島（Castaway cay）

鱷魚準備襲擊一大群牛羚、羚羊，每天都會
在薩凡納看到絕無僅有的景象

#18 Mpata Safari Club

#18

8 歲即可參加的熱氣球狩獵
巡遊體驗

#18

Mpata 的客房

#18

超小型客機

#18

#18

可拜訪馬賽族村落，馬賽族女性教導製作串珠
項鍊、製作民族樂器「シリリ（Shiriri）」、
至附近湖泊釣魚等，Mpata 活動豐富多元

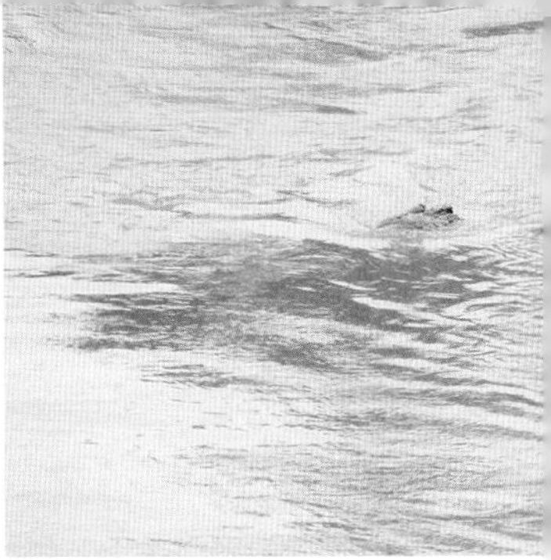

#18

獅子正在啃食捕獲到的牛羚。親身體驗真實的獅子王世界，認識「食物鏈」

#19 大溪地　波拉波拉島

與鯊魚在同一空間裡，戴著潛水呼吸面罩游泳並且餵食鯊魚的行程，令人超級興奮！

#19

#19

到處都是碧綠的海

#19

也可以與魟魚接觸

#20

#20 瓦倫西亞火節

城鎮到處都擺設著焚偶。左上圖為可供人們獻花的聖母瑪麗亞像。人們穿著民族傳統服裝遊行，非常熱鬧。一個晚上就把所有的焚偶都燒光。

#20

有各種口味的西班牙燉飯

#20

#20

西班牙食物真是美味！慶典期間所販售的炸甜甜圈「布奴耶羅」。瓦倫西亞派的吃法是將炸甜甜圈沾巧克力醬食用。

富養小孩

有錢人培養國際觀的20個親子體驗

佐藤悅子——著
張萍——譯

練習主動思考，激發創造力！

想像力を限りなく刺激する！子どもに体験させたい20のこと

目次

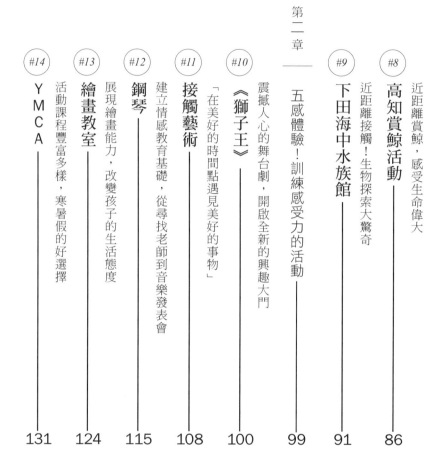

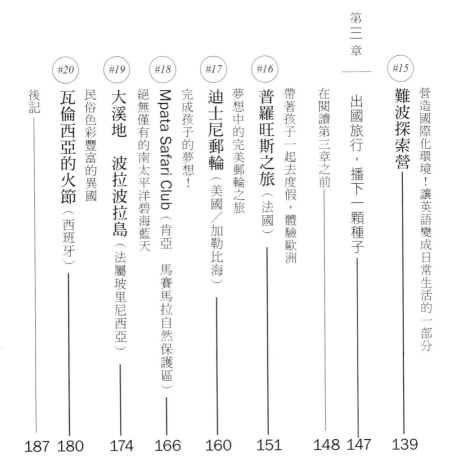

前言——

激發想像力的體驗課程

我們都希望孩子能夠體驗各式各樣的事物。不過，究竟該從幾歲開始？又該做些什麼才好？這些問題並不像育兒指南那樣具有清楚的答案。在伴隨孩子成長的過程中，還好有朋友以及父母家人身邊的朋友等各方人士教導我許多事情。兒子有幸順利成長的過程中，我們一起獲得許多回憶起來緊張萬分卻又怦然心動的美好體驗。

所有資訊幾乎都是大家口耳相傳而來，並非從書本或是網路查詢所得的籠統資訊，而是「活生生」的事物，希望大家不要輕易地浪費、虛度，而是與孩子一起度過一段有深度而充實的時光。

我期望可以將育兒過程中這些跌跌撞撞的經驗，提供給同樣想在孩子成長重要時期，與孩子分享各種事物，共同建立美好回憶裡的朋友們參考，所以提筆寫下了這本書。

現在這個時代，雖然幾乎所有的事情都可以輕鬆在網路上查詢，但是我卻深深感受到，孩子，特別是幼兒期的孩子所能體驗的深度遊戲資訊相當難以取得。當然，或許各位可能會認為這是個人接收訊息的問題，但是我總覺得，如果能夠有一份整理過的資料可以參考，在育兒過程中就會更有幫助。

例如，親子一起挑戰的組隊馬拉松、即使是幼童也能體會到富士山上的感動、可以同時教導孩子生命與食物的釣魚活動，甚至是雪祭也可以讓孩子體驗到與電視報導內容完全不同的遊戲方式等。

那些活動當初全都是因為好友邀請，我才有機會接觸，覺得有興趣後再繼續細查相關資料，才發現實際上是對孩子相當有益的活動。

此外，音樂劇《獅子王》是在我家孩子2歲時因為一位對日本四季劇團很熟悉的媽媽友邀請前往觀賞而愛上的，如果當初沒有她，我想我和孩子就不可能會在2歲時去看四季劇團的舞台劇。不過，看過了才發現（當然也因人而異）2歲很適合做為第一次觀賞舞台劇的時間點，因為在這個時期遇見的美好事物，日後擴大了孩子的興趣與活動範圍。

說真的，在這個當下我無法保證孩子所經歷過的事物今後會有怎樣的發展。不過，站在父母的立場，我和我先生都希望孩子能夠在人生的過程中發現自己真正喜愛的事物，在出社會之前，不論是什麼都好，希望孩子都能夠深切的投入、願意廢寢忘食、專注地去體驗。因此，我們盡量以不偏頗的態度，讓孩子廣泛地去嘗試，希望能夠從中拓展孩子的視野並且培養專注於事物本質的感性面。

第一章會針對「在大自然中遊戲」的部分作介紹。為何要拘泥於在大自然中的遊戲呢？因為我認為如果沒有置身於大自然之中，就絕對無法對其相關事物產生真正的感動與驚喜，而這些產物肯定可以成為生活上的基礎力量。

如果沒有孩子，我們夫妻倆肯定不會自己跑去體驗這些接觸大自然的活動。的確，為了孩子必須想方設法調整自己的時間，是不爭的事實。但是，我們卻絲毫沒有犧牲的感覺，因為這對大人們而言也是一種新鮮體驗，是一段能夠給予我們人生嶄新愉悅感的幸福時間。日本古諺說「育兒育己」，希望藉由本書分享給各位一些能夠與孩子一起行動，共同擴展生活的相關經驗。

第二章整理了音樂、藝術、繪畫、夏令營以及英語等一些可以在日常生活中持續進行的事物。

這些都是期望可以幫助孩子更有感受力、理解力與表現力，並且希望未來還可以一直持續下去的才藝課程及活動。

第一章

假日要讓身心完全動起來

#1

持續向前跑的力量與自信

北國優駿公園馬拉松

與孩子一起跑步的意義

想要讓孩子多多體驗各種豐富的活動，我認為重點是要全家人一起參與。然而，人的時間與體力都有限。選擇什麼比較好，每個人的選擇標準皆有所差異。

我家設有幾個選擇的標準，其中最重要的是必須在與大自然接觸中成長、儘量不要遠離土地。幼兒時期與大自然共處、與土地共同生活所得獲得的刺激無可計量。我想在「大自然」當中，不只是對身體，在情緒方面也會讓孩子在成長時產生「真正的感動」。

為此，我們必然需要很多的戶外體驗。話雖如此，我跟我先生卻完全不是戶外派或愛好運動的人。

本書中介紹的內容，大部分都是我們與孩子一起體驗，同時也是父母自己初次親身經歷的事物。孩子出生之後，我們雖然不斷地遇到未知事物，但是卻沒有任何一件事情是為了孩子而必須犧牲自己才能做得到的。如果沒有孩子就不會遇到那些感動、爽快的成就感、偉大的自然力量，因此對大人而言，也能成為生活上非常美好的刺激與能量。其中所得到的靈感，通常也能夠與工作互相連結。

孩子的思考比成人更為敏銳。那些體驗並不是為了孩子量身訂做，當大人一起經歷這段認真投入的過程，也會受到強烈的感動。這意味著與其說是「想讓孩子體驗」或許也可以說是「大人想與孩子一起體驗」。

我們可以選擇用這樣的心情度過每一天，然而在這些珍貴的體驗當中，我最有自信、最想要推薦給大家的活動就是親子馬拉松。

最近相當流行慢跑，但是過去的我實在沒辦法一個人慢跑。

不過，讓我突然開啟慢跑之路的卻是因為親子馬拉松。朝著目標跑、持續朝向終點努力，讓人有一種今天完成昨天目標的達標成就感，並且

第一次親子馬拉松

期待下一個目標，馬拉松教會了我許多事情。

為何選擇馬拉松？

我之所以會把目光投向馬拉松的契機真的是非常偶然。2年前的某一天，我從地下鐵京橋站走出地面時，正好撞見了「東京馬拉松」。或許還是去程的關係，大家都滿臉笑容、看起來非常快樂。有不少跑者一邊跑還一邊與沿途加油打氣的家人朋友聊天，那種昂首闊步、充滿能量的氣氛，瞬間吸引了我，實際上我只是單純地覺得「想參加東京馬拉松，有機會還想挑戰檀香山馬拉松！」、突然完全沉浸在想要進入馬拉松殿堂的情緒。

回家後，我立刻開始查詢馬拉松大會的相關資料。

關於馬拉松大會的相關資訊，非常推薦「RUNNET」這個日本網站，開宗明義就表示「日本最大！跑者們的跑步入門網站（日本最大級！走る仲間のランニングポータル）」，提供日本以及世界各地所有馬拉松大會的重要賽事資訊，是相當可靠的網站。可以查詢何時、何地會舉辦怎樣的賽事，也可以用全程馬拉松、半程馬拉松等條件尋找符合的賽

runnet.jp/
內容包含馬拉松大會資訊、大會報告及大會結果，甚至還有好書推薦、線上購物，是一個能給跑者全方位協助的便利網站。

事。此外，最難得的是還提供了跑步相關書籍以及文章等豐富的資訊。

我從這個網站中發現了2～5km的組隊馬拉松或組隊跑的分類。所謂組隊馬拉松（組隊跑）是指以兩人為一組參加的馬拉松。並非所有馬拉松大會都設有這種分類，通常都會限制參賽年齡，或是需要過去的賽事成績，但如果只是組隊馬拉松，只要隊員有一位是國中生以上，另一位即使是學齡前幼童亦可報名參賽。

發現這些資訊時的喜悅實在是筆墨難以形容，讓我縮短了一些與初馬（第一次參加馬拉松）的距離，再加上能夠和孩子一起跑，真的讓人非常期待！我的心情忍不住地雀躍了起來。

突然開始瘋馬拉松的我，一開始只是自己想去跑，完全沒想到和孩子一起跑的可能性，但是當我發現有一場可以在北海道的牧場奔跑、在優美環境下舉辦的「北國優駿公園馬拉松」（ノーザンホースパークマラソン Northern Horse Park Marathon）時，計畫突然有所改變。我想孩子應該也會很開心，而且要達標肯定得克服一些相當辛苦的事物，過程中所須付出的努力以及達標的成就感，濃縮了我想要讓孩子體驗的事物。

在北海道的牧場奔跑！

每年5月的第2個禮拜日，北海道會舉辦「北國優駿公園馬拉松大賽」。

北國優駿公園是一個曾經出過 Deep Impact 等G1優勝賽馬的著名牧場。不僅設有馬廄，還有一個幅員遼闊、可以整天與馬兒同樂的大型公園。距離新千歲機場非常近，交通運輸便利，亦有可以舉辦婚宴的餐廳與BBQ烤肉區，以及可以欣賞到四季花卉的花園。

2．5km的組隊馬拉松賽道就是在園內環繞。可以在鋪設整齊柏油的馬路上奔跑，同時欣賞公園的樹木、草地、池塘，園內的空氣、景色以及整個氣氛非常棒！跑得有點辛苦時，園內的工作人員與馬兒就會一同幫你加油打氣，這樣的環境非常適合作為孩子參與初馬的地點！

話說回來，這個大會並沒有全馬，僅有從牧場到千歲市內來回21km的半程馬拉松，以及讓賽馬迷垂涎，可以在平常不得進入的賽馬專用木屑跑道（Wood chips Course）上奔跑的7km越野馬拉松，還有2．5km的組隊馬拉松，總共3種。

大會從早開始依序從組隊馬拉松↓越野馬拉松↓半程馬拉松開始，

北國優駿公園
www.northern-horsepark.co.jp/home.php
北海道苫小牧市美沢114-7
☎：0144-58-2216
北國優駿公園馬拉松相關資訊，請參考以下網址：www.nhp-marathon.com/ 於前一年12月中旬開放報名

大略介紹馬拉松的分類：全程馬拉松為42．195km、半程馬拉松約為20km。組隊馬拉松或是越野馬拉松依大會規定會設有不同的距離。所謂越野馬拉松是指在林間道路或是步道等未鋪設瀝青的道路上所進行的賽事。

全家通通到場與孩子一起跑完組隊馬拉松後，還可以看到許多爸爸繼續參加越野馬拉松或是半程馬拉松。因為園區令人心曠神怡，讓人毫不遲疑地就想賴在廣大的草坪上玩耍、享受攤販或是餐廳內的北海道美味午餐，等待參與半程馬拉松的爸爸完賽。還無法參加組隊馬拉松的年幼孩子也可以在此與媽媽共度美好的時光。

大會當天，會有一些專門為孩子設計的特別活動，像是拔河或是尋寶、造型汽球以及人像畫等彷彿日式祭典般的有趣活動。午餐時也會有攤販擺攤，每年所販售的食物內容雖然不盡相同，但是烏龍麵、奶油馬鈴薯和帶骨香腸總能吸引大人與孩子們的目光。

親子初次參加馬拉松的準備事項

即使是在設施完善的公園內參與「北國優駿公園馬拉松大賽」，若事前完全沒有任何準備，就算是成人也會遇到足部疼痛等問題，更何況是我這種完全沒有馬拉松經驗的人。雖然我大學時曾在體育社團（高爾夫球社）的晨練中練習過跑步，但是當時的我非常非常地討厭跑步。這樣的我竟然會想去跑馬拉松，連自己都感到驚訝！只能說人類的想法會隨著年齡增長而改變。

為了準備馬拉松大賽，我得先讓身體正確記得2．5 km的距離，於是在健身房的跑步機上設定這個距離，跑了好幾次。知道用自己的速度大概可以在15分鐘左右跑完後，每天早上送孩子去幼稚園，接著就穿慢跑鞋，回程用跑的方式返家。相反的，接孩子放學時，我也會從家中慢跑至幼稚園。孩子還小時，家長不容易擁有自己的私人時間。因此，為了能夠在不勉強的狀態下持續，就要聰明利用這段時間。

從我家到幼稚園雖然距離很短、不到2 km，但是每天持續累積還是會有效果，2月中旬開始的2個半月後，我開始可以輕鬆地跑完2．5 km，變得開始享受慢跑這件事。

另一方面，要讓孩子開始慢跑，最重要的是要先讓孩子理解「為何要跑步」。

有些人適合、有些人不適合，有些人雖然從小就喜歡跑步，但是我想，會喜歡長距離慢跑的孩子，應該還是少數。

我家孩子曾經是「完全不想跑馬拉松」的人，所以我先仔細思考過一定要跑的原因後，再向孩子說明。剛好孩子的幼稚園在秋天有一場運動會，每年運動會最高潮的活動就是大班生各班的接力賽，所以我試著告訴孩子：「雖然很辛苦，但是如果能夠持續進行長距離的練跑，就能夠提升體能，並且大幅加快自己的短距離速度」。而且，跑完後整個人會覺得非常地舒爽，希望孩子一定要體驗一下那種感覺。

此外，那一年的冬天，我們也體驗了初次滑雪，如果能夠持續練跑到隔年冬天，滑雪時想必會滑得更好喔！我就是像這樣從各種角度去邀請孩子，告訴他：「練跑會有很多好處，來試試看吧！」

孩子自己選擇接受後，剛開始我們會一起在家附近跑，然後慢慢拉長距離。當孩子不太高興時，也不會勉強他，因為要讓孩子記得，我們是快樂地朝著目標努力。

關於鞋子的選擇，成人可以選擇慢跑專用鞋，會比一般運動鞋好穿、對足部的負擔也會比較小，請務必選購專用的慢跑鞋。不過，目前市面不太常見兒童款的慢跑鞋。因此，只要是能夠讓當事人產生跑步動機的運動鞋即可。

北國優駿公園馬拉松大賽

接著來談談關於大會的部分吧！難得到北海道，又是星期日才舉辦的活動，所以我們順便到當地旅遊，週五晚上先入住旭川，週六去過旭山動物園後，再往千歲方向移動。

週六的傍晚，大會舉辦了歡迎晚宴。寬廣的大廳裡擺放許多美食，採用歐式自助餐的形式，但是並不需要站著吃，大會有幫各個參賽者準備桌椅，可以慢慢地享用餐點。由於有很多家庭參與，所以在晚宴過程中也為孩子們準備了一些遊戲，貼心程度高得令人驚訝。

度過愉快的夜晚後，回到飯店（由於園區內沒有住宿設施，必須自行預約千歲市內等處的飯店）好好地睡上一覺，隔天早晨就是馬拉松大會了！

大會會場幫各個參賽者準備了飯糰、香蕉等早餐，在廣場上進行暖身操後，2．5 km的組隊馬拉松終於開跑了！

組隊馬拉松中，年紀最小的參賽者只有5歲。由於現場有很多跑很快的大哥哥和大姊姊，開跑後兒子也和大家一起用相當快的速度飛奔，但是後半段就顯得非常疲累。跑到2 km左右，他用痛苦的表情對我說：「我不行了，但是我還想繼續跑」，我鼓勵他：「只剩一點點。慢慢來就好，一起努力跑到最後吧！」然後牽著他的手，一起跑到了終點！

抵達終點後，兒子立刻癱在草地上，完全不說話、發呆許久。即使

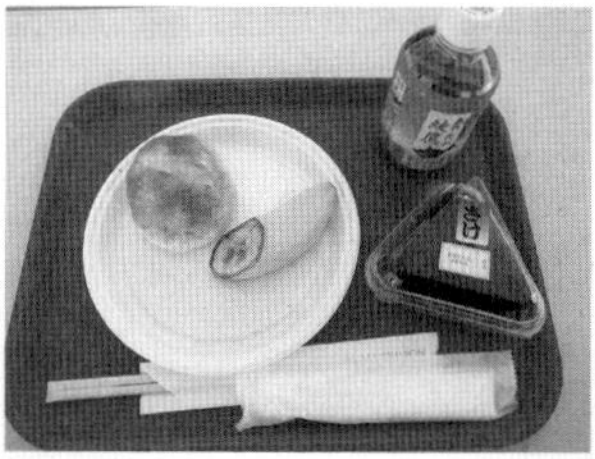

我對他說：「你好努力！好棒唷！」他依舊趴著沒有任何反應，我想恐怕真的是「挑戰到極限」了吧。

過了20、30分鐘後，他終於恢復正常，與一起參加馬拉松的朋友在公園內開心地玩樂。我想，對他而言這肯定是出生以來最大的難關了。

向極限挑戰

之後，每次遇到會很辛苦的狀況時，兒子就會問我：「應該會比馬拉松輕鬆吧？」

我也會回答：「既然連馬拉松都跑完了，這種小事應該完全沒問題的！」

我想，當這種即使痛苦也毫不認輸地加以完成、超越的自豪感在年幼的記憶中萌芽，便會成為一個能夠培育出成就感、不服輸、感動、自信等難以用言語形容的自我肯定契機。身為父母，再也沒有比這些更值得欣喜的事了。

抵達終點！

推薦！親子馬拉松大會

和孩子一起奔跑真的是非常開心的事情，除了「北國優駿公園馬拉松大賽」之外，還想介紹幾個日本親子馬拉松大會給各位參考。

●橫田STRIDERS駅伝　每年6月舉辦的「橫田 STRIDERS 駅伝」中，有可以讓5～12歲孩子參加的2 km「兒童馬拉松」。雖然規定可由監護人陪同一起跑，但是年紀較長的孩子也可以自行參賽。賽道是在平常無法進入的橫田基地內。路線平坦，跑起來相當輕鬆，還有充滿美國風情的熱狗等飲食攤販。重點是參加時贈送的T恤絕對是用來保留回憶的最佳紀念品。如果爸媽參與5 km路跑，也能得到驚喜紀念品喔！

●湘南國際馬拉松　每年11月舉辦的大會，賽道是在西湘公路上唷！終點為大磯微風酒店，可以聽著海浪的聲音跑步。「家族馬拉松．親子組」兒童對象為小學1～3年級，學齡前幼兒不可參加。4年級以上則另有其他組別，因此低年級的兒童可以用自己的速度參賽。

●狩勝越野馬拉松　每年5月時，北海道十勝佐幌度假村（Sahoro Resort）會舉辦一場越野馬拉松。這是我未來希望參與的大會。會場設有可在號稱日本三大車窗之一、綠意盎然的觀景賽道上奔跑的20 km、10 km、4 km等三種賽程。小學以上即可參加4 km。越野馬拉松即使只有4 km，門檻還是相當高，但是我非常希望自己有一天能夠享受在觀景賽道上慢跑的感覺。佐幌度假村亦有準備參賽者專屬的住宿專案。

#2

培養對大地物產的感受力

Agri Life 俱樂部

度假村型的花園農場

兒子剛出生時，朋友介紹了一個位在千葉縣君津市的出租型農園──「Agri Life 俱樂部」（アグリライフ倶樂部），朋友說：「希望你務必找機會和孩子一起前往同樂」。如各位所知，和孩子一起體驗農作，可以提高孩子對相關產業的關心度。

然而，以往所謂的出租型農園都必須自己親自動手翻土、播種、整理施肥、收成，經常聽說有人因為一旦連續好幾天因為忙碌無法前往整

Agri Life 俱樂部
agrilife.co.jp/
千葉縣君津市向郷 1781-1
☎：03-5733-1926
免入會費，5坪單位的會費為每月6300日圓（2014年2月價格）

理，馬上就雜草叢生，最後陷入惡性循環之中。

Agri Life俱樂部的特色是備有全力支援系統——「農場指導員」。

近年來，這種類型的出租型農園雖然持續增加，但是實際上平時忙於工作、育兒，要能夠頻繁地往來農田是一件很困難的事。然而，還是希望可以讓孩子感受到土地、想和孩子一起體驗務農作業，為了因應這類需求，Agri Life俱樂部從翻土、插苗、除草等都有經驗豐富的專家從旁指導，如果無法前往，俱樂部也可以協助一整年代為照顧30餘種的蔬菜。如果連農務工作中最重要的收成活動都無法前往，為了不錯過最新鮮美味的時間點，也有代為採收、以宅配的方式送至家中的服務。

由於農園可靠的支援系統，我們的會員資歷已經超過5年。

其中的魅力當然不僅只於此。Agri Life 俱樂部被譽為「度假村型的花園農場」，也具有非常多足以享受週末的度假村要件。

園區內的度假小屋備有廚房、餐廳，可以當場料理剛採收下來的蔬菜。設置的淋浴間也是男女有別，在揮汗工作後也能清爽回家。其他還有ＢＢＱ設備、碳烤披薩窯，使得烹調蔬菜的樂趣大為增加！

除了規劃私人專用的農園，還設有落花生或是玉米等收穫共享田，以及可以體驗插秧、收割稻米的水田、可以採收竹筍的竹林、獨角仙小

Kuru Berry Farm
kuruberry.net/
千葉縣君津市向郷 1792
☎：0439-27-0481
可網路預約。除了可以在寬廣的溫室內採草莓，也可以體驗果醬ＤＩＹ活動。

屋以及樹屋等兒童遊戲空間。

附近還有一間可以享受採草莓樂趣的「Kuru Berry Farm」，以及可以接待兩個家庭住宿的山中小屋，屬於農場型度假村。

親子實際參與栽種收成過程

Agri Life俱樂部以5坪為單位，可以租借5坪、10坪、15坪的田地，亦可多人共享。

從3月插苗栽種開始，6月中旬至7月可收成的是馬鈴薯、蠶豆、荷蘭豆（帶莢豌豆）、菜豆、青椒、茄子、玉女小番茄、櫛瓜、糯米椒、玉米、秋葵、黃麻菜等春夏季蔬菜。9月播種後，11月至1月中旬可收成的則是青江菜、蕪菁、菠菜、花椰菜、高麗菜、白菜、白蘿蔔、紅蘿蔔、日本茼蒿等秋冬季蔬菜，幾乎一整年都可以與土地接觸、享受務農的樂趣。

即使已經非常熟悉這些蔬果在超市架上販售的樣子與食用方法，但是該如何播種、培育、如何插苗栽種、會長出怎樣的形狀、會開出怎樣的花、是否會有果實、如何採收等知識，別說是孩子，這些連大人都不

太清楚的蔬菜資訊，在來到這裡後往往會令人感到驚喜連連！

我初次見到淡黃色花瓣重疊在一起的秋葵花時，那股衝擊讓我每年都很期待初夏的到來。

僅有5坪大的土地就可以享用種類繁多的蔬菜，當然是因為有專家的全力協助。

種植時，為了清楚種植的最佳位置，專家會幫我們事先在土壤上拉線，播種時會仔細指導播種的深度與間隔位置。連每天的照顧、除草、除蟲、疏苗等工作也都處理得非常完善！

用具幾乎都可以租借，長筒雨鞋、手套等個人物品則可以放置在有上鎖的置物櫃內，幾乎空手就能前往作業，可說輕鬆又方便。

親自動手接觸真實土地

雖然農園提供會員全方位的支援系統，看似輕而易舉，但是動動身體、自己親自下田進行農務作業，絕對不輕鬆。往往揮汗如雨、疲累不堪。然而，每次我都會激發一股只有在觸摸土地後才能體會到的感覺。

農場的蔬菜，在相同的時期種植、以同樣的方式培育，卻會以不同

的姿態發育成長，形狀大小也會有所不同。看到這幅光景，我心裡不禁想著，為了挑出可以販售的農作物，廢棄的數量該會有多麼驚人。

如果想要食用剛採收的蔬菜，必須先清洗泥巴、去除較為堅硬的部分，但是親眼見證數個月前自己親手種下的種子或秧苗變成食物的過程，滿足了一種絕對無法直接在超市購物體驗到的「自己打造出自己專屬生活的真實感」。

在這麼多種蔬菜當中，我家孩子最喜歡「自己採收的整條紅蘿蔔」。親手收成當初自己觸摸土地、花費時間照料長大的紅蘿蔔，當場直接啃咬，感受那股甘甜、清脆、富含水分的新鮮口感，真是幸福的滋味。

農場的蔬菜可以讓人感受到自然風情、土壤氣味，以及每種蔬菜本身所帶有的甘甜、辛辣、苦澀等豐富滋味，只要接觸過這些當季的風味，身體就會牢牢地記住吧！這些經驗是無法在書桌上用功讀書，或是透過書本、網路上的資訊獲得的，我希望能夠藉此培育孩子感受到事物本身所具有的強大力量。

Agri Life・田園樂

既然有農田，當然就會有泥巴。所以也可以在這裡玩泥巴。當時才1、2歲，還非常年幼的兒子進行農務作業時，往往都專注地玩著泥巴。他不只是做泥丸子。還會將水放入空的寶特瓶，和其他孩子一起在泥濘裡玩耍。對孩子而言，可以在藍天白雲下、在廣大的綠色場地中，完全不用顧慮時間、自由自在地玩土、玩泥巴，玩樂起來特別開心。

孩子們之間會自行訂定規則，然後專注地遊戲，玩泥巴這件事情實在是有多少時間都不夠用呢！

田邊水溝也成為很酷的遊戲地點。現在已經無法在市鎮街道上發現這種又細、又長、又淺的水溝了。

把腳踝浸到水中進行小草船比賽、流放樹枝並進行接力等，大人們都不得不佩服孩子們的遊戲創造力。

春天可以看到蝌蚪或是青蛙，秋天則有蜻蜓或是蚱蜢，我們曾經在農場撈起蝌蚪帶回家，還養育成了青蛙。

農場本身所規劃的季節性活動也不容錯過。春天有復活節活動，會

田邊水溝也是遊樂場。

邀請外部的講師前來教學，有機會體驗自己將雞蛋挖空、染上可愛的顏色，製作出一顆真正的復活節彩蛋。

我覺得最寶貴的部分是5月的種田體驗。赤著腳踏入水田，插入一整排的秧苗，水田的泥巴顆粒非常細小，會深入腳趾甲隙縫，就連洗澡也很難洗乾淨，這種事情不親身體驗是無法體會的。

秋天會收割稻米，並且選擇一個適合曬穀的好日子，只要參與這兩個階段就能夠更了解白米的生產過程。

收成夏季蔬菜的時期，農場會準備一根巨大的華箬竹，讓大家進行七夕的裝飾。此外，萬聖節時，也會利用從農場收成而來的南瓜，讓大家挑戰製作南瓜燈。那可相當不容易，每個人做出來的臉都充滿創意，將南瓜燈帶回家再放入蠟燭，就非常有萬聖節的氣氛。

冬天則有搗麻糬或是煮芋頭湯大會，讓大家可以在愉悅之間感受到季節變遷。這些活動非常受到孩子們的歡迎，往往都會期待明年還要繼續參加！

近幾年，農場的設施更加完善，可以在附近的小木屋住宿，享受悠閒，並且得以在此度過一段特別的時光。交通方面相當方便，穿越東京灣跨海公路，只需1個半小時即可回到東京，因此也可以選擇當天往返。

但是如果能夠多留宿一晚，那就更棒了！晚上可以讓附近販售海鮮的店家外送壽司套餐，或是請咖哩店外送有異國風情的晚餐等，當然也有廚房可供大家利用剛剛採收下來的蔬菜，煮個簡單的火鍋，快樂的農場之夜可以一路玩到深夜。

農場直送美食宴

在此介紹收成時期最推薦各位製作的料理&午餐。

●直接生吃　最奢侈的方式就是直接啃咬剛收成下來的蔬菜。除了前述的紅蘿蔔之外，還有番茄、青椒、蘿蔔、玉米都可以直接生吃，這些來自大地的滋味往往令人感動不已，我認為再怎樣高級的美食都無法與之匹敵。

●炸紅蘿蔔葉天婦羅　紅蘿蔔上有相當多的葉子。稍微洗一下就可以拿來做成炸天婦羅，再沾點鹽巴即可食用。目前身邊還沒有人說過不好吃（笑）。

●高麗菜包豬五花肉　這是高麗菜收成時期的特別菜色！在塑膠袋中放入鹽巴、胡椒、大蒜（也可使用大蒜泥）後放入豬五花肉，充分揉捏後靜置一下，即可用BBQ烤爐煎烤，再用高麗菜包裹著食用。是會讓人期待冬天到來的美味料理！

●豬肉味噌蔬菜湯　這道料理更不用多說，大家一定都很熟悉。放入大量剛剛採收的蔬菜，製作出的豬肉湯最美味了！他不一定需要添加味噌。這道在農場製作的豬肉蔬菜湯可是我們家的常備菜呢！

#3

富士山滿月浴

實際感受身為宇宙的一分子！

帶孩子進行登山運動

第一次登山，已經是國中遠足時的事了。我的學校每年春季遠足都會去登山，所以爬過了許多座關東近郊的山，然而卻連一次愉快的經驗都沒有，記憶中遠足當天的早晨總是帶著憂鬱的心情想「為什麼要特地去做這麼辛苦的事情」。

原本不愛登山運動的我之所以會突然改變，是因為富士山的滿月浴。當初想著既然是第一次與孩子登山，高尾山應該是最受歡迎的地點。但

是，我們家卻是在登過富士山，等到孩子自己覺得「登山很有趣！」才陸續登上高尾山（東京都）、金時山（神奈川縣）、日向山（山梨縣）等高山。

高尾山上有個猴園，除了可以乘坐纜車，還有很多的紀念品專賣店，過程中會有很多值得期待的事情。

金時山是一座因為金太郎傳說而聞名、位於箱根的山，登山口有一座金時神社，到山頂的登山途中還有板釜（大斧頭）與巨石，接近山頂時會遇到一片稍微比較難以攀登的岩壁，可以說是一座變化豐富的山。山頂上放著一柄可以自行舉起拍攝紀念照的板釜，孩子們都相當喜歡。

相較之下，對幼小兒童而言，日向山的山路比較容易攀登至山頂，山頂的視野最遠可以看見南阿爾卑斯山，令人心生陶醉。山頂的砂地也會讓孩子們興奮不已。

登富士山

因登錄世界遺產而備受矚目、登山人數倍增的富士山，如同媒體報

高尾山：海拔５９９公尺，屬於修驗道宗派的靈山。具有豐富多樣的登山路徑，登山客相當多。
www.yamakei-online.com/takao/

金時山：位於箱根西北部，海拔１２１３公尺。可以從任何一條登山路徑上山，山頂附近設有鐵鏈與繩索。
hakone-hiking.sakura.ne.jp/kintoki/

日向山：海拔１６６０公尺，山頂附近的白色砂地是花崗岩風化的產物。
www.yamanashi-kankou.jp/kankou/spot/p2_2225.html

導，成功登頂的門檻可說相當高。過了8合目*後，空氣會突然變得稀薄，體力消耗的速度超出想像得快。根據身體條件狀況不同，是一座連成人也可能出現高山病等症狀的山，學齡前的兒童當然更不能上山。在還沒有體力攀登至山頂的時期，也只能等待。我個人覺得小學3年級左右時，應該可以試著挑戰登頂。

在孩子的幼兒時期，可以找一個夏季，在滿月當天前往寶永第一火山口。中午左右，從富士宮口5合目（山腰）開始爬。也可以稍微提早一點抵達5合目，在該地停留一個小時左右，待習慣高度後，後續會比較輕鬆。

以成人的腳程約需30分鐘左右可抵達6合目。道路寬廣，也沒有太難走的坡道。就算是幼稚園小班的孩子，1小時內也可抵達。6合目的寶永山莊即是我們當天的住宿地點。從該處眺望出去，眼前的雲海有一種超乎現實的美好，在這個位置可以充分體驗到「登上富士山了！」的成就感。

想要攻頂的人通常會住在8合目，因此6合目的寶永山莊往往比較容易預約，這裡也可以讓人好好地感受一下富士山。

山中小木屋的1樓是商店與餐廳，2樓為客房。與其說是小木屋，

*日本人把登山山路分為10等分，5合目指山腰，8合目接近攻頂位置。

寶永山莊
houeisansou.com/
☎：0544-22-2232
6合目的住宿地點其實有兩處，這是寶永山的住宿地點。可容納80位旅客。

其實只是採取大通鋪的方式。除非遠離旺季，不然就是將寬廣的2樓空間劃分區塊，再給每個家族鋪設床墊而已。餐點方面可以選擇烤雞肉丼、中華丼、牛丼、咖哩等，份量充足且美味。早餐有味噌湯、荷包蛋、沙拉、芥菜、醃漬小菜、梅干、海苔等。在富士山上的山中小木屋竟然能吃到這麼多種東西，讓我很驚訝。當然這裡沒有澡堂或是淋浴間，刷牙、洗臉時也必須注意不浪費水資源。在此要特別提出來的是山莊外設有生質能堆肥廁所（bio toilet）。住宿時如果廁所不乾淨，往往會讓心情受到影響。然而，這種使用堆肥的生質能廁所完全無味，也很乾淨，讓我們舒適地度過了第一次的山中小木屋住宿。

順帶一提的是，可以在商店內購買風景明信片。寫完後連同郵票費用一起交給山莊員工，他們就會代為投遞。大約1週到10天的時間，即可收到印有富士山郵戳的明信片，很推薦寄給家人、朋友或是自己。

紅色滿月

為了見到滿月，必須提早在寶永山莊吃完晚餐，裝備好頭燈以及禦寒裝備後，趁著天還沒亮就前往寶永第一火山口。從富士山的東南斜側

寶永山莊的早餐。

方眺望可看見三個寶永火山口，第一火山口位於最上方，也是最大的火山口。以孩子的步伐，從山莊至火山口約需步行30分鐘，就會突然出現一個寸木不生的地方。裸露出的紅褐色土壤像是被挖了一個大洞，形成巨大的火山口，忠實呈現出這裡曾經（1707年）是富士山火山爆發史上最劇烈的噴發地點。

我們就在此等待滿月出現。日暮漸漸低垂，滿月終於從雲海中現出身影。在富士山6合目迎接滿月的夜晚，可以在一側看到非常大顆的太陽緩緩沉入地平線，代表「白天結束」，另一側斗大的滿月直接就在視線高度乍現，表示「夜晚來臨」，這實在是相當具有魔幻感的景色。與謝蕪村*「月東日西」的情境就近在眼前，散發出一種強大的震撼力。

太陽終於完全西沉，周遭陷入一片黑暗——除了一輪紅色滿月。沒錯，從富士山仰望的滿月，是我們未曾見過的紅色，而且閃爍著光芒。孩子們也在見到後感到驚訝，接著開始專注於滿月的話題：「滿月的上面會有兔子吧？」、「好像不是兔子，那是蝦子嗎？」雖然是平常就會看到的太陽、月亮，卻未曾如此貼近感受。

這時，心中一定會湧上一些感受，像是自然的偉大、宇宙的不可思議，而自己也身處於其中。無論如何，我想富士山上的滿月肯定是一生

*與謝蕪村，日本江戶時代中期的俳人、畫家。

難得一見的富士山，可透過 www.e-hansoku.net/ca_m.html 等網站檢索相關資訊後，再挑選一個滿月的日子登山

必看的景色，且會牢牢地烙印在孩子的眼中、記憶中。

享受過滿月浴後，我們靠著頭燈再度到回山莊，吃著宵夜的烏龍麵與拉麵，閒聊著今日的所見所聞，並且在感動中就寢。

隔天推薦從寶永山的道路下山，最後穿過森林，即可回到5合目的富士宮口，這樣一來就可以走一條與去程不一樣氛圍的山路。此外，前一天也可以先請寶永山莊幫忙準備飯糰便當。

親子登山活動的用品準備事項

雖然是夏季，富士山的夜晚仍然會冷到令人心驚。6合目就已經非常寒冷。即使是7、8月仍必須穿著內有刷毛的防水防風外套。並且要確實調查氣候狀況，隨時更新、訂定不勉強自己的登山計畫。秋天的寒冷程度，對孩子而言非常有挑戰性，這可是夏季限定的活動。

以下是我前往富士山滿月浴前做的準備，希望對你的親子登山活動有所助益。

●**登山鞋**　穿著普通運動鞋登山，可能會因為衝擊力道太強而使足部疼痛，甚至造成鞋子破損。

請務必添購專用登山鞋。我自己是購買「mont-bell」這個品牌，可詢問店員哪些鞋種比較適合攀登哪一種山後，再行挑選。架上有兒童專用的尺寸，試穿區還會有一個小型的岩石模擬區，可以確實感受一下上坡下坡時的穿著感。建議買鞋時最好連同襪子一起購買。

●外套　最好選擇有防水、防暴風的外套。不只是上半身，同時也要備妥下半身的穿著，除了預防下雨亦可預防嚴寒的氣候，會比較安心。

●T恤　建議至戶外運動專賣店購買比一般T恤更具有快乾特性的衣服。白天天氣較熱時，只要單穿即可，前往滿月浴時或是突然變冷時，就可以再多穿一件吸濕排汗功能較佳的長袖內搭。

●下半身內搭褲　可以多穿一件戶外運動用具品牌設計，容易活動、膝蓋部分有拉鍊、長度五分至十分的緊身褲。緊身褲不只具有支撐以及防寒功能，亦可預防砂石跑進鞋內。

●帽子與太陽眼鏡　海拔較高的山，紫外線也會比較強，陽光往往非常刺眼，也要準備孩子專用的太陽眼鏡。

●背包　有學齡前兒童同行時，大人準備一個中型（30～45Ｌ）的登山後背包，就可以同時放入孩子的行李。也可以讓孩子自己背一個小型背包，放入水壺、糖果餅乾、便當等最基本的行李，甚至多放入一雙襪子，會更安心。

●其他　野外沒有丟棄垃圾的地方，請務必攜帶垃圾袋。此外，雖然富士山不需要，但是一般登山時建議可以準備野餐墊或是防蟲用品等。

#4

露營

圍繞營火，在大自然中遊戲

實際接觸土地

我希望孩子可以大量接觸大自然，從遊戲中感知各種事物。雖然我這麼想，卻沒什麼行動。某次我與一位攝影師談話後，更加強化了我的想法。

當時的對話是這樣的。

他說他曾經因為拍攝工作而前往亞馬遜內陸，不管是在多麼嚴峻的自然環境當中，孩子們的哭聲都遠比在東京聽到的來得少。即使是在都市區，也鮮少聽到孩子會因為自己的需求而歇斯底里大哭。印象最深的是，他說孩子原本就會因為生病或是受傷等肉體上的疼痛而哭泣，但是聽到城市孩子們的哭聲，卻會覺得是因為遠離土地、被嵌入水泥牆塊內，而對這些違反人性本能的壓力所發出的悲鳴。

「別忘了要與土地一起生活」，生活在都市之中，這幾乎是不可能的。所以，假日就要盡量置身於能夠接觸土地或是大自然的環境。這不僅能夠促進孩子在身體與情緒方面的成長，對大人而言也能擴大生活的寬廣度，成為刺激感性面的重要珍寶。

來，一起去露營！

兒子幼稚園小班時的夏天，我們家接受這位告訴我亞馬遜故事的攝影師邀約，第一次去露營了（初露）！

露營必須要做許多準備。因此，初露的人最好能夠與有多次經驗的露營老手一起參加，會比較安心。

除此之外，也要確實思考露營的地點，選擇沒有危險性的自然環境。雖然也有所謂的露營區（auto camp）等可以全數租借到器具的便利營區，但是既然都要露營了，不如別找輕鬆的地點，稍微辛苦一點，更能倍增喜悅與成就感。

我們的初露地點選在東京附近的丹澤，由四個家庭一起進行，兩天一夜的活動。

早晨出發，中午前即可到達目的地。將帳篷搭好後，我們就開始活動了。該處當然完全沒有電力，連小木屋或是有個屋簷的地方都沒有，附近只有一個河川流經的山溝，這就是今天我們要就寢的地點。現在還可以回想起當時孩子們看到這個地點時受到衝擊的模樣。

搭好帳篷後，男生們為了升營火去收集樹枝，女生們則開始準備午餐。雖然已有事先準備一些柴火，但是這件工作象徵的意義是為了接下來2天、生活上不可或缺的營火，我們必須自行收集樹枝。這可是一件相當辛苦的工作，當然就交給爸爸們去進行。

看到利用不整齊的石頭堆成一個圈，中間堆疊樹枝，再點起的火焰，深感人類就是因為能夠學習使用工具與火，才會與其他動物展開不同的進化史。

不論是準備餐點、夜間照明，甚至是孩子們就寢後大人的深夜談話，火都是非常重要的，因此一開始大量收集樹枝是露營成功的關鍵。

製作最適合露營的餐點──咖哩。

午餐建議選擇隔天亦可繼續食用的咖哩。肉體勞動會讓人很容易感到飢餓，能夠一邊享受大自然一邊食用的咖哩，絕對是人間美味！

當時一起露營的孩子們有的是小班，有的是大班，雖然全都是幼稚園生，但是我們會在可行的範圍內讓他們幫忙收集樹枝、清洗蔬菜。他們也可以抓蟲、把腳放入小河（甚至只能說是有水通過的細小流水道）或是跳過小河，各自悠閒地度過這段時光。

令人意外的是，雖然他們都是早已習慣公園遊樂器材的城市孩子，卻相當懂得該如何利用昆蟲、石頭、樹木、土壤等大自然中的萬物來遊戲，讓我稍微感到有些欣慰。如果孩子能夠這樣無憂無慮地在大自然中遊玩，父母就會忍不住想要繼續增加更多這類活動的機會。我曾在某個瞬間體會到那就是所謂「孩子的能力」，是一股與生俱來、真正的自然力量。

午餐清潔整理完畢後，最受歡迎的是每家都會準備的那一張吊床。一張可以睡兩個孩子，爸爸們也相當喜歡在上面午睡。

不過，如果要掛吊床，因為必須平衡懸吊，得先尋找適當的樹木才行。想做任何事、想要任何東西，都必須身體力行去準備。這些理所當

然的事情，都是我們在日常生活中不太會意識到的，而露營剛好是一個非常棒的實踐機會。

成功了！完成了！好有趣！因為有這種無限大的喜悅在後方等著我們，所以會讓人想要好好努力。

沒有3C電子產品的一天

在天色變暗之前，我們完成了晚餐的準備，大家圍繞著營火BBQ。晚餐結束後已經日落。我們完全陷入黑暗之中。僅能仰賴正中央燃燒的營火，以及各自頭上裝設的頭燈。

抬頭望向天空，赫然發現關東近郊竟然能看見滿天星斗，原本夜空如此美麗！

餐後點心之中，最受歡迎的是將帶來的棉花糖插上竹籤後火用營火烘烤的「烤棉花糖」。

等孩子們睡著後，就是大人專屬的聊天時間。與平時因為忙碌而無法好好說話的爸爸或是媽媽友們一起在這樣的氣氛下圍繞著營火，度過了一段難忘的時光。

隔天早晨，在天色轉亮時自然而然地清醒。走出帳篷後，從翠綠的山巒間能看到清爽的晴空，感受到迎接早晨的喜悅。早餐是濃湯配麵包與香腸，還有水煮蛋以及咖啡。還記得當時我們喝的是金寶湯公司（Campbell Soup Company）出品的「新英格蘭風味蛤蜊巧達湯」。後來兒子一直念念不忘那道濃湯，或許是因為濃湯的味道與體驗大自然風情的記憶連結在一起了吧。

早餐過後，可以試著攀登附近的山，或是到溪邊戲水，也可以玩蒙眼打西瓜的遊戲，讓氣氛更加熱絡。

午餐是前一天剩下的咖哩，接著便開始收拾、打包行李。

露營雖然是一整天都待在同一個地點，但是卻能夠從孩子們散發出光采的表情中了解到與電力、瓦斯、自來水，甚至是行動電話或是電腦等3C產品完全隔離一整天，是多麼的快樂。

這段時光對大人而言，彷彿經歷一趟長途旅行，是一段能夠放鬆、重新充電的時光。

題外話，回程時我們還去泡了一趟溫泉，更是神清氣爽，充電滿格！

在溪邊戲水。

初露之後

為了這趟初露，我們為了讓全家人一起享受露營，一次購足了相關用具，像是帳篷、充氣床墊、睡袋、客廳帳、桌椅、烹調用具與餐具、露營燈等。

用具備齊後，就可以開始計畫並且擴大行動範圍，之後也可以繼續享受露營樂趣。初露時，一切都按照規矩進行，把新奇有趣擺在第一位。但是，後來只有自家人露營時就會稍微輕鬆一些，直接攜帶木炭，省略撿拾樹枝的工作，咖哩方面也會用調理包等取代。

若經常把目標設定在完美狀態，就會覺得負擔變得沉重，因而無法持續下去，未免太可惜了。自己的行程規劃可能會隨著一同前往的成員而有所改變，應該放輕鬆看待，才能持續下去。

我們從孩子3歲時開始露營，隨著孩子成長，露營一直以來都是全家人很享受的一項活動，也很期待未來隨著孩子成長出現的發展。

#5

享受生命

釣魚

一種可以豐富人生的運動

因為曾在日本釣具品牌「DAIWA」工作的關係，我與先生大約在數年前開始釣魚。在這之前，我們兩人都只有在兒童時期稍微接觸過相關的活動，成年後就完全沒有釣過魚了。

釣魚常被說是「可以豐富人生閱歷的運動」，我們與這個運動接觸的時間點剛好是孩子出生時期，讓我覺得非常幸運。因為，原本我們都認為「釣魚」是成人才能夠投入的活動，如果不是因為這個工作，我絕

DAIWA 官方網站有完整的釣魚相關資訊，提供最新的釣魚線捲收器、釣魚場介紹，以及相關活動。
daiwa.globeride.co.jp/

對不會想到可以在想讓孩子體驗的運動選項中放入「釣魚」這項活動。

為了說明「為何一定要讓孩子從小嘗試」，我想介紹 DAIWA 母公司 GLOBERIDE 的企業形象標語—「A Lifetime Sport Company」。

這個標語的意思是指，該企業的使命在於致力提出以豐富人生而存在的運動—「Lifetime Sport」，不論年齡或性別，不論專業或業餘，期望能讓世界各地的人們感受到大自然、讓人生充滿愉悅的感動，GLOBERIDE 公司在進行企業活動時，也都會帶入這樣的意念。

GLOBERIDE 股份有限公司中除了「DAIWA」之外，還有高爾夫用具「ONOFF」、網球用具「Prince」以及越野機車運動相關品牌。我有幸能夠從策略擬定作業開始一路參與規劃，「Lifetime Sport」完全符合我想要給孩子的體驗，是超越工作的框架，依然留存在我心底的一個名詞。

帶孩子釣魚的準備事項

釣魚的人主要分為兩派，有些人會把魚抓起來，有些人會再度放生。我認為年幼孩子的釣魚目的應該擺在「自己釣魚、自己吃」會比較開心，也比較容易進入狀況。

如果是在東京近郊，首推初秋時在東京灣內海面上進行的船釣活動。早上搭船出港，目標放在竹筴魚、鯖魚，以及沙鮻魚等魚上。欲搭乘的釣漁船必須事先預約，可以先上網輸入地區、想要釣的魚種，或是釣漁船的型態（共乘或是包船）等條件，搜尋到理想的釣漁船，再依自己的目的與預算，斟酌、比較後選擇。

與孩子一同前往時，不論有幾個人都建議直接租借、包下一整艘船會比較輕鬆。進行海上船釣時，船東都會指導一些釣魚的技巧。由於仰賴船東專業技巧的比例很大，往往可以期待豐碩的釣果！

接著是用具。一般而言，會依照希望在何處、釣到哪些種類的魚貨，而細分釣魚線的捲收器種類，最近DAIWA也推出「DV1」等可因應無特殊流派（freestyle）釣魚方式的all in one釣魚用具組。各位可依目的選擇適當的用具（僅供參考，此類商品並不適用於船釣）。

魚餌方面不用假餌，直接使用真正的魚餌會比較容易讓魚上鉤！然而，假設之前沒有聽聞過所謂的多毛綱蟲（一般稱之為沙蠶）大名，想必上了船後也會是第一次見到，雖然乍看之下就已經覺得全身無法動彈，但是仍必須自己把沙蠶裝上魚鉤。

剛開始時我們母子倆都覺得非常恐怖，但是孩子的適應能力卻意外

所謂all in one釣魚組是指組合完成可因應路亞竿（lure）、遠頭竿、餌釣等各種釣魚方法的魚竿與捲線器，是可以輕鬆裝設魚鉤等配件的釣魚用具。

地強大，一下就把一直無法習慣這些魚餌的我拋到後頭，小學左右的孩子在實作幾次後即可得心應手。隨著想釣的魚種不同，也可能會使用把磷蝦或花枝切碎做成的魚餌，請各位安心（笑）。

別忘了準備救生衣、帽子和太陽眼鏡。既然是搭船，所以嚴禁穿易滑的海灘涼鞋，建議穿著 Crocs 等品牌鞋。

從釣魚體驗到的生命滋味

終於要開始釣魚了！假如運氣好，開釣後沒幾分鐘就會有人大叫：「釣到了」，這一點也不稀奇。相反的，有時也會「完全釣不到」，這也是大自然與生物彼此之間難以言喻的箇中滋味，所以即使一直沒有東西上鉤，父母所扮演的角色就是要從容不迫地好好享受當下。

年幼的孩子雖然也可釣魚，但是當魚兒真的來到眼前時，往往又會覺得滑溜溜的很噁心，因而出現抗拒反應。這時候請不要斥責孩子，持續一段時間後，孩子就會在不知不覺間平靜接受了。

抓到竹筴魚時，可以將其放入事先放有蘿蔔嬰與薑片的夾鏈袋內，即可在船上品嘗。竹筴魚肉也很受孩子們歡迎，而大人們可能會突然很

想來一罐啤酒。如果只帶著刀子與砧板上船，在回到陸地之前可以先將釣到的魚肉從背部剖開、切成三片*。魚肉的處理方法對新手而言或許有些困難，只能夠不斷地練習。熟練之後，回家準備晚餐時就會比較輕鬆。

「成功了」、「釣到了」的喜悅與成就感自然不用多說，自己釣到的魚肉更是特別美味。釣魚當天，晚餐都會特別有食慾，孩子往往會不斷地說：「好好吃！」

此外，從海上釣到魚時，魚兒活蹦亂跳，到烹調過後變成晚餐的姿態全都歷歷在目，是可以實際感受到「自己承接了一條生命」的寶貴機會。

記得有一個笑話，是說某個孩子只在超市中看過已經包裝好的魚片，所以認為魚類都是以魚片的狀態在海中游泳的。知道自己入口的食物從何而來，是在「食育」方面相當重要的一環。

如同先前提到的竹筴魚肉，我家孩子也因為釣魚而記住了絲背冠鱗單棘魨（俗稱：剝皮魚）等生魚片的味道。記得那是在他3歲左右的事情。以往他都只吃炸魚或是烤魚，對於生魚片總會拒吃。但是，當他品嘗到我們將自己釣到的絲背冠鱗單棘魨做成生魚片後的美味，便與一同前往的同齡朋友開心地擁抱在一起，深刻地記住了那種滋味。

*一種魚肉的處理的方法，去魚頭後，從背部剖開、清除內臟，再切成左側、右側、中間魚骨等三片。

就像是在農場中克服了討厭吃蔬菜的問題一樣，他真的是透過釣魚才開始喜歡吃魚的。

釣到了！只是一個開始

既然對手是大自然，就會有人釣魚被剃光頭（完全沒有釣魚成果的意思）。

初次釣魚，的確有一個選項是把「釣到魚」放在第一順位。

這時比較能夠讓人產生信心的是去私人營業的釣魚場。例如山梨縣都留市的「FISH ON！鹿留」等，店家會於清晨在自然河川中一個特別區隔開來的場域內放入鱒魚等魚類。由於有做區隔，所以魚無法從該場域中逃走，即使是幼童也能夠確實釣到魚。這裡雖然也算是人工釣魚場，但是卻與都市內的釣魚場具有截然不同的樂趣。這種利用自然空間做出來的場域，或許也能讓孩子充分享受到釣魚樂趣呢！

由於私人釣魚場多半停車場規劃完善，可以租借釣具，也能在商店買到魚餌，就算父母都是釣魚新手也可以使用得很順手，降低了釣魚的門檻。

將溪流或是湖泊直接保留下來，作為人工管理的釣魚場。日本全國人工管理釣魚場相關資訊，可參考以下網址：www.kanritsuriba.com/（人工管理釣魚場.com）、www.facebook.com/fishingnifty（@nifty）等。

「FISH ON！鹿留」官方網站為：www.sisidome.jp/

山梨縣都留市鹿留 1543

☎：0554-43-0082

有些店家還會在釣魚場附近設置可以調理食材的ＢＢＱ區，可以直接燒烤剛釣上來的魚！

對大人來說，當然會希望更進一步測試自己的力量，想要練習更動態、更細膩的釣魚技巧，但是在培養孩子的部分，我認為應該先讓孩子感受「釣到了！」的喜悅，才能成為孩子持續下去的動力。

日本的親子釣魚活動場所推薦

在此介紹幾個可以與孩子一起享受、極具魅力的釣魚資訊網站。

①**堤防海釣場**→大黑海釣魚場〔橫濱 fishingpiers〕
神奈川縣橫濱市鶴見區大黑碼頭20　☎：045-506-3539
http://honmoku.yokohama-fishingpiers.jp/
利用日本少有的堤防區所設置，是一個可以進行海釣的人工管理釣魚場（橫濱市管轄地）。提供BBQ餐飲服務（有期間限制）等，可以在此玩上一整天。

②**正港釣魚船（船宿）**→浦安釣魚船〔船宿 吉野屋〕
千葉縣浦安市貓實5丁目7-10　☎：047-351-2544
http://www.funayado-yoshinoya.com/
這是在東京灣內為數不多的釣魚船。可租借釣具，對於新手而言服務非常完善。因應季節變化，魚種也很豐富。有可供包船的江戶前天婦羅船（可釣魚）。也有屋形船，很多人會用於釣魚以外的用途。從東西線浦安車站出來，徒步7～8分鐘。

③**1級河川釣魚場**↓奧多摩釣魚中心

東京都青梅市御岳2丁目333　☎：0428-78-8393

http://www.okutama-fc.co.jp/

由奧多摩漁業同業公會營運。可自由選擇路亞、飛蠅（Fly Fishing）、魚餌釣法等。有團體釣場（需預約），可與朋友一起快樂地釣魚。有BBQ區，在多摩川主流河邊享受大自然。主要魚種為虹鱒、岩魚、山女鱒。

（1級河川為日本法定重要河川）

④**冰湖垂釣**↓諏訪湖巨蛋船釣冰魚〔民宿MINATO〕

長野縣岡谷市湊5丁目14-7　☎：0266-23-4423

http://www.lcv.ne.jp/~mminato/ *1

冬季的風物詩就是釣冰魚（西太公魚）。搭乘巨蛋船（在大型筏狀的船上裝設塑膠屋的設備）即可輕鬆又暖和地釣到一般必須在冰上垂釣才能獲得的西太公魚。許多人會從關東或是東海前往巨蛋船的發祥地——諏訪湖釣魚，就觀光面而言，相當受到釣魚新手的歡迎。也可租借釣具。

*1 譯註：此連結已失效

從釣魚向大自然學習

在此我想介紹一下，「DAIWA」有在經營一個稱為「D.Y.F.C（DAIWA YOUNG FISHING CLUB）」的俱樂部，提供孩子們（小學1年級～高中3年級皆可入會，每3年更新會籍，可加入至滿20歲【生日】）釣魚的機會。

該企業標語是「感受地球、與生命相遇、自在地成長」。透過能夠與地球以及生命接觸的運動——釣魚，加入一些希望孩子能夠發自內心學習到大自然的富饒與生命可貴之處的活動。

釣魚這件事情，必須自己去思考、自己發揮技巧、自己動手。其中的驚喜與樂趣，甚至是失敗的體驗，都是透過大自然所獲得，寶貴的一步。

在孩子們人生最感性的時期，請務必讓他們進行這最棒的體驗。詳細內容請參閱：http://dyfc.jp/。

#6

最理想的親子度假村

山梨八岳親子時尚度假村

理想的親子度假村

這是依「以成人為主的親子度假村」概念，星野集團目前於山梨八岳、熱海、小浜島、TOMAMU等開設了「RISONARE」系列的親子時尚度假村。

雖然我們目前只去過山梨八岳與熱海的親子時尚度假村，但是山梨八岳卻是我們每年要回訪2～3次左右的地點。因為所有的設施、活動品質都很高，在提供的服務與服務人員的待客禮節方面，山梨八岳度假

親子時尚度假村相關資訊：http://hoshinoresort.com/resortsandhotels/risonare/

這是一間在日本星野集團當中具有最多豐富活動的連鎖飯店。設計概念是希望客人能愉悅地與大自然一起度假。

山梨縣北杜市小淵澤町129-1

☎：050-3786-0055

村完全呈現出了我心中「理想的親子度假村」。

首先是環境！從東京都內開車或是搭乘特急梓號列車約2小時，即可盡情享受山梨八岳的自然恩典，因為在抵達的瞬間就會被澄淨的空氣所包圍，度假氣氛立現。

接著就是充實的活動！活動中心「GAO」會因應四季狀況而規劃、提出許多可以享受山梨八岳自然景觀的戶外活動。除了會頻繁地提出新的活動企劃，就連一些受歡迎的經典活動也會經常更新內容，所以即使回訪也絕對不會覺得膩。

再來，就是全天候型設施！不論如何，備有在一定時間內出現一個全長60m、高1.2m的大浪、規模毫不馬虎的室內游泳池是最重要的。游泳圈、浮板等都可以租借，只要攜帶泳裝（連泳裝也可以租借），即使空手前往也可以輕鬆玩樂。

看到這種游泳池，就算沒下雨也會一直被孩子們要求「我想去游泳池！」而讓大人們感到困擾不已（笑）。

其他還有許多可以在室內進行的DIY手工藝活動。像是陶藝、麵包花、縫紉機課程、自製彈珠、彩繪玻璃、紙黏土、銀飾等等。如果想要體驗所有的活動，只會有一種時間永遠不夠用的充實感。此外，

各式各樣的活動。

「BOOKS & CAFE」內也有放置許多兒童繪本。

所以，即便下雨也完全沒關係。父母往往會從旅行的好幾天前就開始坐立難安，擔心著旅行當天是否會遇到壞天氣等。因此，如果有一個不論天氣如何都不用擔心、可以火力全開、安心玩樂的地點，絕對是與孩子一同旅行時最謝天謝地的事了。

不僅如此。餐點也非常美味！飯店內設有義大利式的「OTTO SETTE」，以及西式自助餐「YY grill」兩間餐廳，都非常高級，魅力大到足以因為這兩間餐廳的存在而讓人想要入住梨山八岳親子時尚度假村。

話說回來，GAO內還有托育服務，例如：假設僅有大人想要前往「OTTO SETTE」吃一頓悠閒的晚餐，這時就可以規劃讓孩子與GAO的工作人員一起吃晚餐，讓孩子愉快地在遊戲中渡過這段時間。

還有許多種類的客房！我們家最喜歡附有露天溫泉的樓中樓房型，其他還有附有私人花園的房型，飯店區除了標準房型外，也有摩登型的客房擺放著勒・科比意（Le Corbusier）與馬里奧・貝利尼（Mario Bellini）等人所設計的家具。

我想特別寫出來的是「嬰兒客房」的部分。這間客房禁止穿著鞋子進入室內、禁菸、備有迷你飲料吧、微波爐及電熱水瓶，房間內甚至設

「OTTO SETTE」的其中一道料理。

有尿布檯以及益智玩具，也會貼心地多提供幾條毛巾。

可以完全抹去初次帶寶寶出門旅行的不安，親子時尚度假村就該有這種房型！

戶外活動

那麼，就來介紹一下具體的活動內容吧！

親子時尚度假村的小淵澤周邊堪稱水果王國！從初春採草莓開始，初夏時節可以採櫻桃與水蜜桃，秋天有梨、葡萄，以及蘋果、柿子，幾乎一整年都可以體驗自行採集新鮮水果的樂趣。

飯店有接駁車可以接送至各個合作的果園。中午前去採水果，如果意猶未盡，午後還可以再繼續規劃其他活動。

其中有一個活動是有期間限制的「陽光廚房～水果百匯篇～」可以利用自己採集而來的水果，在戶外挑戰自製水果百匯，完成後即可當場食用。

這個「陽光廚房」還有「披薩篇」，如果想要製作披薩，就必須先到親子時尚度假村專屬的農田去採收一些季節性的蔬菜，再將蔬菜、起

司、披薩醬擺放在已事先準備好的披薩餅皮上，GAO工作人員會利用鐵板或是瓦斯噴槍等工具幫忙把披薩烤得熱呼呼。與兒子朋友的家人一起進行這項活動時，有一個原本很討厭吃麵粉類食物的2歲半弟弟，卻說自己做的披薩「好吃」，還吃完了一整片。聽說這位弟弟之後就變得非常喜歡吃披薩了。

讓人實際感受到愉快的體驗記憶與味覺連結後，竟然能產生如此強大的力量。

不論男孩、女孩都很喜歡的設施，就是「森林空中散步」！親子時尚度假村內的森林裡有許多木製的遊樂設施，號稱「空中散步」，必須配戴安全繩索才能挑戰。使用的全部都是森林內的樹木，並且是在距離地面5m左右的高度位置設置繩索，的確相當恐怖。

細長的原木橋，到處都有木板剝落，可以透過腳底的空洞處看到地面，只能仰賴著腋下的繩索，一步一步地往前邁進，連我都害怕得雙腳發軟，動彈不得（笑）。

但是兒子與朋友們卻能夠一直快速往前走，走完還說：「還想再玩一次！」

孩子上小學後，就可以參加親子時尚度假村森林中的越野腳踏車活

動。GAO的工作人員會教授一些基本的技巧，之後便可以自行徜徉在山梨八岳的森林間。孩子往往會因為這些無法在都市經歷的事情而堆滿笑容。

除此之外，親子也可以一起體驗滑翔翼、騎馬，夏天可以在有「南阿爾卑斯山天然水」而頗負盛名的尾白川清流戲水，各種多采多姿的活動都非常有趣。

像是清流戲水行程就很適合家有學齡前兒童的家庭在安全平穩的區塊內進行活動，如果是有小學生的家庭，則可以選擇比較具有刺激性的行程。可依孩子年齡有不同的選擇，讓人覺得很放心。

秋天時全館最大型的企劃活動就是「萬聖節遊行」，每個周末都會舉辦，並且持續到11月的第一週。每年都會有不同的風格，有一股會讓成人也淪陷的魔力。

雙板＆單板滑雪

冬天也是可以好好享受的。山梨八岳親子時尚度假村備有雙板&單板滑雪板，也備有成人、兒童用等各種尺寸的雪衣，可供免費租借。飯

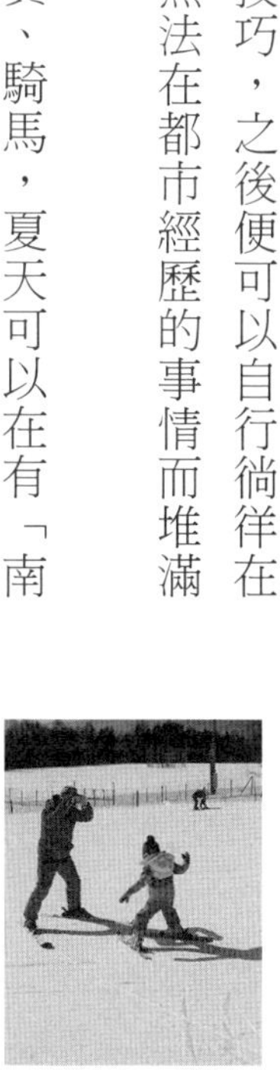

富士見全景度假村滑雪場（富士見パノラマスキーリゾート）：搭乘空中纜車前往山頂，即可享受長距離的滑雪樂趣，是一個可以自行選擇要用雙板或是單板滑雪板的滑雪度假村。也有專門使用雪橇的兒童公園，以及可供幼兒玩樂的室內空間。

富士見高原滑雪場（見士見高原スキー場）：對成人而言可能偏小，但是卻是一個可供新手兒童充分練習的滑雪專用度假村。

店附近有兩個滑雪場，會頻繁地從飯店發車接送旅客。每間滑雪場都有可以現場報名的課程，GAO工作人員這邊也有提供教學課程，完全不必擔心！事實上，先生與我原本都是滑單板的，但是十幾年來都沒有再滑過雪，而且幼兒基本上還是要從雙板開始，所以兒子的滑雪技巧是由GAO的工作人員傳授的。當時，我們父母倆在旁邊看邊學，也嘗試著體驗了一下滑雙板的感覺。在沒有預期的狀態下，大人們也藉此消磨了一些時間。讓孩子開心是最基本的，大人本身也可以自行分配自己的時間，這是我認為親子時尚度假村深具魅力的理由之一。

熱海親子時尚度假村

這裡原本是熱海的著名旅館，於2012年重建後改為「熱海親子時尚度假村」。

我們雖然只去過一次，但是這裡的確和山梨八岳一樣是很棒的住宿地點。館內有攀岩場、球池，還設有可以穿戴廚師帽與廚師服，親手製作晚餐甜點的兒童廚房、室內溫水游泳池等設備。此外，戶外活動方面也充分利用了熱海這片土地的優勢，備有定置漁場，以及採橘子等活動。

最讓我感動的是採茶體驗！所有人員

都要換上絣織的和服，打扮成採茶農的模樣，非常有氣氛。

如果想要體驗一些運用自然時節的活動，這裡絕對是首選，帶有寶寶或是較年幼的孩子，在熱海附近或是在飯店內玩樂會令父母感到很心安，是其一大魅力。前往熱海可以搭乘新幹線，但是恐怕會覺得才剛上車沒多久，怎麼就到站了！自行開車其實也很近，交通方面的優勢可以降低父母帶孩子一同旅行的壓力。

詢問工作人員後，對方說因為才剛開幕不久，今後還會開發出更多「熱海親子時尚度假村」專屬的有趣活動，敬請期待！

http://risonare-atami.com/

#7

札幌雪祭

極凍冬天的享受，玩雪和動態活動

百聞不如一見

百聞不如一見！最著名的就是「札幌雪祭」了。那是每年冬天特有的活動，電視等媒體會不間斷地播放當地狀況，所以我們都非常熟悉這個馳名的活動，但是卻等到孩子5歲時才實際前往一探究竟。

札幌的正中央，從西1丁目到12丁目的大通公園內，設置了以雪雕砌而成的泰姬瑪哈陵、故宮博物院、會津若松的鶴之城等作品，讓人看得瞠目結舌，兒子也一直說：「哇！好厲害！」

札幌雪祭官方網站
http://www.snowfes.com/
於每年2月上旬至中旬舉辦。因為氣溫在零度以下，必須要有萬全準備。

那麼龐大的東西究竟是如何做成的呢？不禁讓人不斷地思考製作的方法，看到將著名運動選手和卡通人物神韻做得唯妙唯肖的雪雕時，孩子也會很興奮地一直說：「好像！好像喔！」

一邊欣賞雪雕，一邊漫步在全白的大通公園，實在非常有趣。

雪雕與雪雕之間設有專業的單板滑雪用跳台，竟然真的有人能夠在眾多觀光客往來的大街上進行大跳躍。可以品嘗到攤販所販售的「奶油馬鈴薯」、「北海道炸雞（ZANGI）」等北國庶民美食，這種盛會果然光用肉眼看是不夠的，一定要親身實地體會才行！

寒冷程度不容小覷，裡面穿著發熱衣，外面再加上長版羽絨衣，穿了雪靴、戴了圍巾、手套，明明都做了萬全的防備，但是，這樣還是不夠。孩子說：「耳朵凍到好像快掉下來了」，所以我們趕緊跑去藥妝店買耳罩。這也成為日後很美好的回憶。

之前因為滑雪來過幾次北海道，然而滑雪時會運動到身體，因此誤認自己已經習慣那種程度的寒冷，這次真正感受到滑雪時與日常生活中身體所感受到的寒冷程度完全不同。

然而，既然是在冬季最寒冷的時候去北海道看「札幌雪祭」，就一定要前往第2會場「第二巨蛋會場」。如果是帶著孩子一起，就更應該

*譯註：北海道特有的ZANGI是先將雞肉醃漬後再下去炸。一般日式炸雞則是將雞肉沾上調味過的粉後再下去炸。

要移步至「第二巨蛋會場」。

「第二巨蛋會場」

提到「第二巨蛋會場」，大家一定會有些疑惑吧！

「第二巨蛋會場」就是札幌市體育交流機構Community Dome（札幌市フポーツ交流設施コミュニティトーム）。

說到「札幌雪祭」，其實總共有三個會場。

「大通會場」是電視等媒體會介紹到的「雪祭」。一提到「雪祭」許多人就會想到排列著數尊具有震撼力的雪雕作品，其擺設位置就是在「大通會場」。

比起大型雪雕，印象中「薄野會場」所展示的是雕工比較細膩的冰雕，或是內嵌有毛蟹、鮭魚的冰雕作品。

「第二巨蛋會場」是從市中心的大通會場搭乘地下鐵或是接駁公車，約30分鐘左右車程即可到達的一個大型雪公園。由於距離市中心稍微遠了一些，所以著名度偏低，但是卻相當受到孩子們的歡迎，許多人甚至以「第二巨蛋會場」為目標，連續造訪過好幾次。那麼，就讓我們趕緊

欲前往「第二巨蛋會場」可搭乘地下鐵東豐線至榮町車站徒步8分鐘，或是於札幌站、地下鐵榮車站、大通西4丁目會場（北側，郵局前）搭乘接駁巴士。亦可從札幌市內各處自行前往。詳細資訊請參考官方網站。

前往會場看看吧！

竹製滑雪板

就算是曾經在滑雪度假村有過雙板或是單板滑雪經驗的孩子，可以在大量的雪堆中拼命玩樂，也是相當難得的經驗。

記得我還小的時候，偶爾遇到天降大雪就會覺得非常非常地興奮，根本不會在意寒冷的問題，只記得開開心心地堆雪人或是打雪仗。近幾年受到氣候暖化的影響，東京近郊降雪天數以及降雪量都減少，因此，這一代的孩子幾乎沒有在如山一般高的雪堆裡遊玩的經驗。

對孩子而言，玩雪是一個無法抹滅的快樂回憶。以往每到冬天，就會覺得一定要去體驗看看！真正到訪第二巨蛋會場時，兒子還興奮地大叫「就是這裡！」

巨蛋會場周圍有個相當寬廣的雪地，四處都堆滿了巨大的雪人，也有準備許多可以在雪中玩樂的用具。

兒子與他的朋友最喜歡的就是「竹製滑雪板」了。

如文字所示，就是要用竹子來滑雪，這個活動要先從「製作」開始體驗。一人發一根30 cm左右已經煮過、柔軟的竹板。必須趁熱利用木製工具台夾住竹板，用盡全身的力氣掰彎，將竹板掰成滑雪板的形狀後，再淋上一些雪使其冷卻、固定，接著可由大人幫忙鑽孔、穿過繩子，大約20～30分鐘即可完成一片個人專屬的竹製滑雪板。

踏上完成的竹製滑雪板，即可立即在專用的斜坡上滑雪。然而，難度可是很高的唷！腳尚未在竹板上固定好時，就要利用綁在竹板上的繩子控制速度與方向，一踏上斜坡就像是踏在凍結的路面一樣滑。這即使是成人也會覺得「有點強人所難」的難度，孩子當然就是不停地摔倒。雖然相當痛，孩子練習一下就會跑去其他地方玩耍，但是又會不停地跑回來挑戰，終於在一天快結束時，滑得比較像樣了。

滑雪當然很有趣，但是用自己的力量去折彎堅硬的竹子，而且把它變成滑雪板，不難想像需要多麼全神貫注的專注力才能夠獲得這種驚喜與感動。

兒子已經習慣容易穿脫、容易滑動的最新款滑雪板，完全沒有想到必須面對這種質樸的滑雪板，但是我們相當驚訝於這種「發現」與「挑戰」帶給孩子的衝擊性。

竹筏滑雪。

在室內玩雪！

在寬廣的會場內，還有許多有趣的活動。長達100 m的水管滑道或是可利用雪橇滑動的滑冰遊戲都非常讓人心動！

另外，也有幼童可以安心玩樂、坐著滑的冰雪溜滑梯。

我們還玩了利用雪上摩托車拖拉泛舟用的船，享受在雪地上快速奔馳的雪上泛舟活動，剛開始時我們還笑嘻嘻的，但玩到一半就因為吹拂的寒風與雪而完全睜不開眼睛，是一項非常刺激的遊戲。

最難得的是「第二巨蛋會場」是設置在巨蛋內的室內會場。「第二巨蛋會場」也可以開開心心玩雪，因為玩雪活動大多在室外，所以如果想要稍微逃離寒冷、休息一下，或是有帶著年幼的孩子，都會非常需要這裡。巨蛋內設有舞台，可以坐在舞台前方觀賞人偶表演，除此之外還設有軟綿綿的溜滑梯、迷你新幹線、飛機區等遊樂設施。

還有非常多的拉麵、丼飯等食物攤位，現場也擺放著許多可供休息用的桌椅。

只有在這種地方才能體驗到「耳朵凍到快要掉了」的寒冷程度，再

冰雪溜滑梯。

加上雪祭本身所帶來的樂趣，希望各位有機會一定要前往體驗看看。

樂遊新千歲機場

北海道的旅行樂趣可以一路持續到回程的新千歲機場。

●哆啦A夢空中樂園（ドラえもんわくわくスカイパーク） 這是一個設置在機場內、有「任意門」等哆啦A夢秘密道具的主題式體驗型樂園。光是電動遊樂器材的部分，就可以花掉不少時間，其他也有DIY的區域，如果想要深入玩樂至少需要兩個小時，是值得好好把握、認真進去玩樂一下的設施。

●Steiff Nature World 這裡是由製作全世界第一隻泰迪熊的Steiff公司所開設的官方博物館。不僅是泰迪熊，也有可以觸摸、乘坐的大象或是長頸鹿等動物區，還有一些工作坊的活動可以參加。如果想要前往該處，請先確認可以在機場停留的時間，避免慌慌張張而影響登機時間！

●Calbee PLUS 結合現炸薯條與超人氣「加卡比薯條」而成的熱門商品「現炸加卡比薯條」等商品，都是吃了嘴巴會停不下來的點心。

●北菓樓 因為是生菓子，而無法事先預訂的「夢不思議」等美味泡芙都是我每次造訪必買的點心。此處設有桌椅，亦可當場享用這些新千歲機場限定的杯子泡芙與霜淇淋。

●morimoto 軟綿綿的海綿蛋糕配上絲滑的卡士達醬&鮮奶油，令人忍不住食指大動的美味點心——「雪鶴 帕馬森乳酪」也是必買的一款甜點。這裡沒有桌椅可供現場食用，只能回家後再享用。

新千歲機場的詳細資訊請見：http://fleur.new-chitose-airport.jp/ja/。

#8

高知賞鯨活動

近距離賞鯨，感受生命偉大

在高知賞鯨！

「因為聽說高知可以賞鯨，所以想去看看！」之所以會參加高知之旅，全是因為兒子朋友的家人邀約。

說到賞鯨，我曾經在夏威夷體驗過這個活動，說實話當時的印象其實不太好。乘坐大型船、瀏覽夏威夷美麗的海洋的部分還算美好，但是卻只能看到「那是鯨魚嗎？」的程度。因此，說實話當初在規劃這趟高知之旅時，我並不覺得有機會能看到什麼鯨魚，只是當作一個能夠和朋

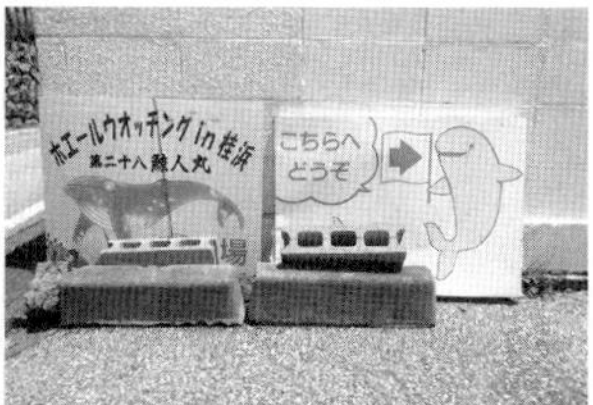

友在一起快樂度過夏日的活動。

沒想到這趟旅行卻遠遠超出我的預期，能夠親眼看到鯨魚實在是太令人感動了！

從高知縣的觀光資訊網站「YOSAKOI NET」中，找到了一個叫做「賞鯨in桂濱（ホエールウォッチングin桂濱）」的網站。

在YOSAKOI N祭典時期，桂濱是一個被稱之為「月之名所」的名勝地點，桂濱公園與坂本龍馬像等皆相當有著名度。賞鯨的船隻就是從鄰近JR高知站的桂濱港出海。

我們在乘船地點四處張望後，只看到一艘令人有點失望的小型船。後來我們才理解，正因為是小型船，才能夠接近鯨魚或是海豚。

我們總共有4個家庭，所以直接包了一艘船。小船據說限乘15人（小學6年級以下者，2人以1人計算）。

然而，這艘船雖小，速度卻飆得非常快！由於速度快，風會啪啪啪地打在臉上！如果想看鯨魚，必須要在相當靠近海浪的地方才行，單程90分鐘左右的乘船時間，我們就一直處於這種被風拍打的狀態。

乘船當時是7月中旬的盛夏時期，我原本想說只需要穿一件上衣，結果卻冷到後悔不已。還有，也先吃了暈船藥。因為只要有一點暈船，

「YOSAKOI NET」www.attaka.or.jp/

賞鯨in桂濱
☎：090-9774-2882
從高知市桂濱開車1、2分鐘，或是徒步10分鐘，由浦戶灣內出海。1天發船1～2次。

就會掃興。萬事俱備後就不用太擔憂了。總之，千萬不可小看乘船之旅。

船員只要發現了什麼，一定會通知大家，甚至還會告訴大家不用硬撐，可以稍微睡一下，因為到了行程後半段，腦袋會一直閃過「好久喔……如果什麼都沒看到，不是白受罪嗎？」的想法。

差不多航行了90分鐘後，我們突然遇到一群海豚，而且差不多有100隻！以前只在水族館等處看過幾次，也知道牠們會跳出水面，但是卻是第一次在這般廣大的海平面上看到成群結隊、速度快、高度高、力道強勁的跳躍模樣。如此自然的姿態，讓人打從心底感嘆不已「實在是太厲害了」。可以讓孩子看到不是在水族館裡，而是在地球上閃閃發光的生命姿態，我覺得實在是太美好了。這時，方才覺得乘船過於不適的受罪心情已經煙消雲散。

目送完海豚群沒多久，主角鯨魚終於登場了！

據說能夠在土佐灣看到的鯨魚種類是布氏鯨（Balaenoptera brydei）。布氏鯨通常會在距離小船不到5m左右的地方游泳！

從小船較高處觀測的船員會明確通知大家悠遊在海中的鯨魚接下來將可能會在哪個位置現身「右邊1點鐘方向，5m、3m、2m！」、「現在在左邊10點鐘方向，相當接近唷！還有3m！」讓我們先有心理

準備，也不用擔心年幼的孩子會因為沒看到而錯過。

鯨魚好大、好近、威風凜凜，可以感覺得到牠的怡然自得！與海豚群完全不同，壓迫感較大的鯨魚英姿，會讓人產生一種敬畏的念頭。

看到那般動態的景象後，我的心中不斷地聯想著海洋生物、海洋的不可思議，甚至對於地球與生命誕生相關的事物激發了無法計量的興趣！

我完全無法想像自己竟然能夠在日本看到這麼了不起的事物。各位如果想要賞鯨，不必去夏威夷，高知的震撼力絕對更大！

「賞鯨in桂濱」活動會於每年的4月到10月舉辦。如果打算帶小孩，在評估所有的條件後，建議挑選7～8月海況最穩定的時間點前往。

四萬十樂舍

高知的土地面積相當遼闊。除了賞鯨之外，還可以在高知城、日曜市（假日市集）、野市動物公園等處找到許多樂趣！再者，如果有機會跨足到四萬十川流域，那裡還有一個可以盡享在大自然之間遊戲樂趣的「四萬十樂舍」。

「四萬十樂舍」是利用1988年廢校的中半小學校舍，改造而成的體驗型住宿地點。據說是希望運用四萬十川流域豐富的大自然進行環境教育，目的在於活絡地方交流，遂於1999年設立。是以「住在學校裡遊玩！」為賣點，可以選擇要住在校舍的教室內，或是附近的小木屋，選擇相當多元。

這裡有很多極具魅力的活動。例如：自己製作竹筏後在河川遊玩的「划竹筏活動」，或是划獨木舟、河川打獵體驗、涉溪、溯溪等「河川活動」。也有星空樂校、賞螢、鳥類動物觀測等「夜晚活動」。

還有搗痲糬體驗以及製作各式麵包等「美食活動」。這裡自古以來，所到之處皆是大自然，光是河川附近就有這麼多可以玩樂的事物，各位請務必上官方網站瀏覽。

話說回來，我們並沒有住在那裡，因為當時僅規劃了當天往返高知市內的行程，這裡想告訴各位的是，沒有在行前好好地做功課真是可惜（笑）。

http://www.gakusya.info/

#9

下田海中水族館

近距離接觸！生物探索大驚奇

專屬驚喜

在眾多水族館之中，我選擇「下田海中水族館」最為特殊的理由在於他們有個「專屬驚喜」企劃活動（あなたにサプライズ）。

由於是有時間限制的企劃活動，並非隨時都有，曾經體驗過的朋友告訴我後，我隔了一年才申請到，所以請各位務必多多確認官方網站上的相關資訊。

那麼，這個「專屬驚喜」是什麼呢？

下田海中水族館
shimoda-aquarium.com/
靜岡縣下田市 3-22-31
☎：0558-22-3567
每天有一次可透過海豚進行的「專屬驚喜」，費用為1000日幣。無法透過電話預約，請直接至官方網站申請。

下田海中水族館會於周末舉辦海豚表演，在水族館實施「專屬驚喜」企劃的期間，就會從觀眾席中，邀請事前申請者上台進行海豚訓練體驗。

不僅如此，表演結束後還可以從海豚手上得到驚喜小禮物！

在官方網站申請時，可以先告知小禮物欲贈送的對象是親戚還是朋友（並非兒童專屬的表演，成人也可以上台）。當天，專業訓練師會呼喊登記的名字，並且邀請他上台。因此，申請者不一定要事先告知贈與者，可以期待當事人看完海豚秀後，突然從廣播聽到自己的名字、登上舞台的驚喜表情。

申請這個「專屬驚喜」活動時，必須填寫想要請海豚轉交禮物的慶祝目的。因為訓練師會在全體觀眾面前宣告「事實上，今天是為了慶祝○○先生／小姐的△△」等慶祝目的宣告。

讓兒子體驗的那次活動剛好是在5月到6月之間實施。可是他的生日在1月份，那一年也沒有入園、入學或是畢業可以慶祝，也已經過了4月份升上新年級的時間，一瞬間我也有點不知如何是好。

不過，如果錯失這次的機會，也不確定下次什麼時候還會有這個企劃活動，考慮再三後我決定要慶祝當時繪畫比賽入選。

光是入選就已經很開心了，再加上還可以在那邊等待著「專屬驚喜」，我想應該會成為他人生第一次比賽入選的美好紀念。

驚喜的體驗

前往下田海中水族館當天，為了不要讓兒子知道，所以我先把要請海豚轉交的禮物藏在行李中，一起託付給櫃檯。

我什麼都沒和兒子說，就一同前往觀賞海豚表演，登場的訓練師與海豚拍著手說：「今天有一位觀眾將與我們一起對海豚做出各種指令」接著就呼喊兒子的名字，訓練師說：「請上台」時，他驚愕的表情我想我肯定永遠忘不了。

「為什麼是我啊？」他真的很驚訝，緊張不已地上了台，訓練師詢問了他的年齡等資訊，然後告訴他如何對海豚下指令，海豚便配合兒子的手勢跳躍、站立游泳、翻轉，兒子彷彿真的是很厲害的訓練師！也收到觀眾們許多的掌聲。

一開始因為緊張而僵硬的表情，在驚喜交織下轉變成為笑臉。

持續一陣子的表演結束後，真正的驚喜才要登場！

訓練師向觀眾說明：「其實，○○小朋友先前在繪畫比賽獲得入選。

精采的海豚秀。

所以今天他的爸爸媽媽特別準備了一份禮物要送給他，接下來海豚會幫我們運過來」。

於是，海豚便從隔壁水池，用鼻尖推著防水箱朝向兒子游了過去。究竟會用怎樣的方式交給兒子呢？屏息以待的結果，沒想到海豚竟然用雙鰭夾起防水箱、用立泳的姿勢傳遞給兒子！我想應該沒人可以預期自己竟然會從海豚手中（？）拿到禮物吧？

在全場溫暖的拍手聲環繞下，訓練師訪問他：「○○小朋友，恭喜你。請向送你這份禮物的爸爸媽媽說一句話吧！」他果然哽咽地一句話也說不出來（笑）。

在拍手聲中回到座位，孩子還沉醉在興奮當中，這些完全沒有預期會出現的「專屬驚喜」體驗讓他覺得自己做了一件開心、有趣、害羞又厲害的事情，我看到這些一時處理不完的情緒在他體內翻騰。

透過與海豚一起進行的活動，孩子體驗到了平常不太有機會獲得的專屬感。我並不知道究竟連結了哪些東西，不過，我期望能夠在孩子的記憶中插入許多驚喜與感動的抽屜。而且，能夠緊張不已地站在眾人面前做些什麼的經驗，想必能夠培養他日後在眾人面前從容不迫的氣度。

餵海豹

下田海中水族館最厲害的地方就是不斷地有各種驚喜出現。

周末假日還有一個一天僅限一組、可親自餵食海豹的特別企劃活動。

這個餵食活動的特別之處在於可以在距離海豹Max與Pia最近的地方直接餵食牠們。將滿滿一整桶的沙丁魚，一隻一隻地徒手抓住，剛開始先放在附近的位置讓海豹自己吃，然後再逐漸改為用手直接餵給海豹。

我也跟孩子一起體驗了這個活動。海豹比我想像中來得龐大，很怕萬一被咬到該怎麼辦而直不起身，兒子卻很鎮定地樂在其中。事後回想起來，我重新了解到孩子其實並沒有所謂先入為主的觀念或是害怕恐懼的心理。

那次體驗之後，差不多快2年了，到現在兒子心中仍有Max與Pia的影子。也清楚記得當時餵食的魚種是沙丁魚。

與海豚近身接觸

「下田海中水族館」原本就是一間因為提供可與海豚近身接觸機會，而大受歡迎的水族館。但是，因為擔心會稀釋掉先前對「專屬驚喜」活動的感動，所以我們並沒有體驗。在天然的、「可與海洋接觸」的海灣（sea inlet）之中，有寬吻海豚們在該處健康活潑地生活著。

這裡提供了各式各樣的活動，像是可以穿著潛水衣前往海水較深的地方與海豚交流互動的「與 Dolphin 近身接觸活動」、可以在海浪打上來時與海豚一起享受玩水樂趣的「Dolphin Beach」，也有可以在不弄濕自己的狀態下餵食海豚，或是發出跳躍等指令的「Dolphin Feeding」等活動。

與海豚近距離接觸的國際資訊

海外也很流行與海豚近身接觸的相關活動。我個人建議可以到夏威夷歐胡島的「The Kahala Hotel & Resort」體驗「Dolphin Quest（海豚探索）」活動。

依年齡不同，有各式各樣的探索行程，1歲以上的兒童即可與海豚近身接觸。

我兒子在1歲時嘗試的行程是「Wee, Family, Fins and Fun」。雖然僅有短短的15分鐘，但是海豚會在他面前一躍而出，可以餵食、撫摸海豚，這樣活動通常會讓孩子感到很興奮。

然而，我家孩子卻緊張得全身僵硬！第一次看到海豚，也未曾與這麼大的生物接觸過，感覺上他腦袋中能夠處理的資訊量已經超過界線等。

稍微長大一點後，可以參加最多5人1組，與海豚一起游泳的「Family Swim Program」或是親子2人與1隻海豚一起游泳的「Dolphin Duo」等，依內容需求以及所需時間，有非常多樣的選擇。請事先確認飯店網站上所公佈的活動相關資訊。

http://jp.kahalaresort.com/

第二章

五感體驗！訓練感受力的活動

#10

震撼人心的舞台劇，開啟全新的興趣大門

《獅子王》

音樂會初體驗

第一次觀賞日本四季劇團的《獅子王》是在兒子剛滿2歲的時候。我自己第一次看舞台劇則是在8歲，當時媽媽帶我去看的是寶塚歌舞劇，那金碧輝煌的華麗感深深地震撼了我，直到現在我都是寶塚的頭號粉絲，但是2歲的我，根本對音樂的世界毫無所知。

兒子第一次看音樂劇的契機是我的一位媽媽友，她收到另一位加入四季劇團粉絲團「四季會」的媽媽友邀約。為了慶祝兒子2歲生日，我

日本四季劇團《獅子王》
www.shiki.jp/applause/lionking/

們決定全家人一起去看《獅子王》，期間雖然有一些比較恐怖的畫面，但是兒子一直看到最後都沒有起來走動或吵鬧。

結束後過了半年，孩子自己提出想再去看一次的要求，我便覺得再一起去看一次也無妨。

在這之前，兒子的舞台劇觀賞經歷只有《和媽媽一起（おかあさんといっしょ）》音樂會*以及《0歲起的古典音樂會（0才からのクラシック）》*的簡單程度。我想讓他親眼看看那些在電視機上很熟悉的大哥哥、大姊姊在自己的眼前唱歌跳舞的樣子。演出時間通常只有短短1小時，但是小孩都會非常興奮。《獅子王》的表演時間連同中場休息時間約需3小時。而且，並沒有預設觀眾中有0歲以上的幼兒。我內心一直惴惴不安，還特意買了靠近走道的位置，萬一孩子哭了或吵到他人，就可以立刻帶出場外，嚴陣以待演出那天的到來。

令人意外的是，從第1幕開始，兒子就非常專注地持續欣賞著，進入中場休息的瞬間還對我說：「《獅子王》超有趣的！」

到了第2幕時，兒子果然體力不繼，中途有點坐不太住，但是到了最後高潮時，卻站起來一直拍手。

兒子回家後立刻畫了獅子的圖，還說那就是「辛巴」。當時的兒子

*日本NHK電視台所舉辦的親子活動

*日本公益財團法人 Sony音樂財團所舉辦的古典音樂活動

四季劇場〈春〉。

其實非常不喜歡畫圖，也幾乎沒有自己畫過圖，讓我相當驚訝。能遇到一件自己可以打從心底「喜歡」的事物，真的非常重要。我非常讚嘆孩子透過《獅子王》產生興趣而激發的力量。

故事內容與可看性

相信關於《獅子王》已經有許多討論，但我在此還是要略談這個故事及其歷史背景。

這個作品是以世界著名的華特迪士尼動畫電影《獅子王》為文本，再由舞台藝術家朱麗・泰莫（Julie Taymor）改編成舞台劇，於1997年初次在紐約百老滙演出。這場音樂劇受到空前的歡迎，隔年獲得托尼獎的最佳音樂、最佳演出，以及最佳編舞等6個獎項，四季劇團也於同一年度開始在東京公演。這是第一個繼百老滙演出後在海外仍受到歡迎的舞台劇，之後也同時在日本全國——大阪、福岡、名古屋、札幌等地進行公演，東京公演的次數為日本第一，連續13年無限加演的紀錄持續更新中。和兒子第一次看完《獅子王》後，我也一起陸陸續續看了8次（笑），或許是因為東京公演隨時都爆滿，所以更想一窺其受歡迎的秘密。

故事的舞台發生在廣大的非洲薩凡納。「榮耀石（Pride Rock）」是一個由獅子王木法沙（Mufasa）所統治的動物王國。動物們聚集在一起為了慶祝新王子的誕生，但木法沙的弟弟刀疤（Scar）卻對此覺得不高興。因為辛巴的誕生而無法繼承王位的刀疤，與卑劣的土狼共謀設法讓木法沙穿越峽谷，並且策動一大群牛羚暴動，藉此謀殺木法沙。

接著，刀疤把木法沙的死亡責任推給辛巴，讓他離開榮耀石，刀疤便可趁機奪取王位。

遠離榮耀石的辛巴在叢林裡受傷倒地，被狐獴丁滿（Timon）和疣豬彭彭（Pumbaa）救起，並且告訴他「Hakuna Matata（不用擔心）」，辛巴便與這兩隻動物一起長大，到這裡為止是第一幕。

第二幕是長大後的辛巴在叢林裡遇見從荒廢的榮耀石逃出來、想要尋找新天地的青梅竹馬—母獅娜娜（Nala）。辛巴從娜娜口中聽聞了王國的現況，但是自己卻無法從父親死亡的自責陰影中走出來，辛巴背對著娜娜說：「我已經不是以前的那個我了」。然而，他遇到了動物們心靈所託的王國巫師—拉飛奇（Rafiki），拉飛奇讓辛巴與木法沙的靈魂見面。「你不僅是一隻雄獅，還是命定的唯一國王」，在木法沙靈魂的鼓勵下，辛巴終於決定要邁出自己的腳步，為了與叔父對決而回到榮耀石。最後打倒刀疤、趕出土狼後，與娜娜結婚生子，使王國重新恢復生機，是一個以「Cycle of Life（生生不息）」為主題的偉大故事。

連續性的戲劇張力

幕一拉開，動物們就不斷地出現在舞台以及觀眾席間，從慶祝辛巴誕生的場景開始，陸續出現母獅狩獵、辛巴與娜娜被土狼襲擊、羊羚大暴動等場景，完全抓住人們的目光。

第2幕從色彩鮮麗鳥兒們高亢的合唱聲開始，浮在水面上的木法沙靈魂、與刀疤的決鬥，辛巴回到王國…這些引人入勝、極具戲劇張力的場景不斷地快速出現。

百看不厭的質感實在是非常棒。由於是一個單純的故事，每次觀賞都會有不同的啟發。不僅是對成人，對孩子而言也是一樣的。話說回來，兒子第一次看的時候，就對於那個世界與對動物的描述非常著迷，但是並沒有說出比較個人的詳細感想。

第二次觀賞時，兒子的疑問就變多了，會開始問：「為什麼刀疤要讓木法沙掉下山谷？」、「刀疤明明說全部都是土狼的錯，為什麼之後又要和牠們當朋友呢？」等問題。他還無法理解世界上有忌妒、憎恨、背叛等情緒的存在。

當初那些孩子無法理解的複雜情緒，在反覆觀賞的過程中，孩子也慢慢地找到他的答案。

兒子漸漸地對這個舞台劇的主題——「Cycle of Life（生生不息）」有了更深刻的理解，不僅是觀賞舞台上的演出，也在考察其背景與理由的過程中，開啟了孩子更多元的嶄新世界。

興趣的延伸

從《獅子王》一劇可以延伸出不少東西。

首先是對舞台劇的興趣。從四季劇團開始，後來我們又陸續觀賞了各式各樣的表演、舞台劇、傳統戲劇等，孩子還是比較喜歡這種現場的舞台表演。觀賞舞台劇當然是一種娛樂方面的享受，但是對父母而言，更欣喜於可以讓孩子看到故事的時代背景、人際關係之間微妙的情感，以及對大自然的關心。

兒子對動物開始產生興趣就是從《獅子王》開始的。跨越了單純喜歡動物的框架，開始對動物的生態與行為、會在何處如何生活、薩凡納是怎樣的地方等事情感興趣，進一步擴大了興趣的範圍。後來，因為兒子還想知道比圖鑑或動物園更多的事物，我們甚至還跑去肯亞的馬賽馬拉國立自然保護區，詳細內容後續會再說明。

「觀察模仿」的能力，也是從《獅子王》中學習到的。「這樣很像○○」或是「○○很像△△」等，如果沒有真正理解該事物的本質，就無法進行「觀察模仿」的動作。為了在家中重現《獅子王》的舞台場景，兒子使用了棒子、跳繩、Rody（跳跳馬）、箱子、球，以及自己的身體，然後試圖模仿台上動物們的動作，這是他在幼稚園時期最專注的活動。看到他這麼認真，身為父母的我們也經常會在旁邊說：「那個動作真是超像的！」乍看之下，或許會覺得只不過是模仿遊戲，但是觀察模仿能力當中包含著許多要素，我認為這也是成長過程中相當重要的一個階段。

我認為依《獅子王》這個作品的規模大小、單純的主題、高素質的動物臨摹演出、感人的音樂等條件，非常適合做為孩子們第一次接觸音樂劇的表演節目。就我們家而言，沒有任何東西足以取代與《獅子王》

模仿獵豹。

相遇這件事情。兒子7歲時，我們還前往百老匯欣賞，至今總共看了9次，不知道接下來的紀錄還會改寫到幾次！

於百老匯明斯科夫劇院。

#11

接觸藝術

「在美好的時間點遇見美好的事物」

創意的視角

我小時候並沒有太多與藝術接觸的機會，也不是在身邊有美術作品的環境下長大的。

我真正開始了解藝術樂趣的契機，是在與先生結婚後，30歲時在紐約布魯克林博物館看到的展覽「感覺（SENSATION）」。

「好厲害！雖然看得不是很懂，但是卻真的覺得眼前的東西很厲害！」我被一種毫無道理的力量所壓制、體驗到打破舊有概念的衝擊感，

「感覺（SENSATION）」是由英國著名藝術收藏家查爾斯・薩奇將其所收藏的42位英國青年藝術家共110件作品進行的聯合展覽。是一個在文人之間掀起很大爭議的展覽，從倫敦開始，也在柏林、紐約等地巡迴展出。

就這樣被當代藝術的世界所吸引。

後來，２００１年我參觀了在MOMA所舉辦的安德烈斯・古爾斯基（Andreas Gursky）攝影展，幾年前也特地安排了行程前往欣賞在法國凡爾賽宮所舉辦的「村上隆・凡爾賽宮展」。與藝術相遇後，擴大了我人生的樂趣。

像我這種成年後才體會藝術真正的樂趣，其實也已足夠，事實上也有許多即使成長也無法理解的事物存在。然而，如果能在孩提時期就先接觸到這些厲害的作品或是展覽，確實可以刺激感性，讓孩子的想法不會太單一、進而培養出獨具創意的觀點。

話說回來，小時候的我除了跟美術不熟，也不喜歡美術，完全無法理解藝術，覺得非常無聊。我先生告訴我那是因為「沒有在好的時間點，看見那些真正美好的事物」。基於這個理由，我認為我們應該要製造一些機會，讓孩子能夠「在好的時間點，欣賞到美好的事物」。

孩子會喜歡的藝術是那些呢？我想可能會是需要親自體驗、會讓人心跳不已、規模龐大，或是取決於孩子自己的喜好，雖然喜好各不相同，但是其中「容易理解」，絕對是不可或缺的要件。我們並不會因為懂得美術史的動態變化，才覺得藝術有趣，而是在正面的意義下單純地覺得

安德烈斯・古爾斯基出生於舊東德。是代表現代藝術的攝影師之一。２０１１年，其作品在紐約佳士得拍賣中心成為現存攝影師作品中拍價最高者。

２０１０年「村上隆・凡爾賽宮展」為日本代表性藝術家村上隆先生在洛可可風格的凡爾賽宮內，展出帶有自我卡通風格的人偶作品展。在法國掀起褒貶不一的討論。

「好厲害」、「好有趣」。如果內心沒有被打動，就會覺得「藝術真無聊」而造成反效果。

在此，我想介紹兩個能在孩子心中產生共鳴的藝術地點。

Benesse Art Site 直島

從高松搭乘渡輪約一個小時即可抵達漂浮在瀨戶內海上的直島，那是一個自然與建築、美術共生的絕妙地點。

說到藝術之島——直島，最有名的就是面向大海佇立的草間彌生女士作品《南瓜》。該島的美術館不僅收藏著一些可以讓人靜靜觀賞的作品，島上四處還有裝置藝術，私人住宅亦成為了展場的一部份。

可以在島上徒步或是搭乘公車周遊，享受著海邊帶來的愜意感，或是在城鎮小路悠閒地散步，用「啊，看到了！」的方式隨處欣賞作品，也很有樂趣。

如果肚子餓了，可以在島上的烏龍麵等小店享用美味食物，是一個隨著自己的步伐任意移動也會讓人感到開心的地方。

安藤忠雄先生所設計的「地中美術館」是一個顛覆美術館形象的建

草間彌生女士的《南瓜》。攝影＝安齊重男

Benesse Art Site 直島指的是瀨戶內海上的直島、豐島、犬島等三個小島，由培樂生（Benesse）股份有限公司、公益財團法人福武財團聯手打造出一個可讓大自然、歷史與藝術產生共鳴的創作地點。**www.benesse-artsite.jp/**官方網站（ベネッセアートサイト直島）上附有這些小島的歷史、美術館及相關機構資訊，以及 **Benesse house** 的住宿預約方式等。

築作品，我想也可以藉此在孩子的心中刻劃出不平凡的思維。館內有克洛德・莫內的《睡蓮》系列、沃爾特・德・瑪莉亞、詹姆斯・特瑞爾等人的作品，可以同時欣賞到創作藝術品與建築空間，強化對藝術的感受力。

看著兒子，我覺得孩子比成人更能夠伴隨著身體感覺，體會飄散在當地的空氣與味道、光線的強與弱，進而形成一種記憶。我希望孩子能夠在心中好好地感受「地中美術館」的一切。

另一方面，在放置於城鎮間、「家 Project」之中，我最喜歡的是位於「南寺」、詹姆斯・特瑞爾的作品《Backside of the Moon》」。

「南寺」過去是一間寺廟，為了傳遞曾是島上居民精神據點的記憶，安藤忠雄先生搭配一些作品後設計而成為一個新興的建築物。

步入其中，剛開始會覺得非常昏暗。可以暫時坐在後方椅子，等眼睛習慣後，再信步向前，走入黑暗之中。因為真的非常暗，我其實害怕得一步也走不動，但是也只能硬著頭皮往前走。

體驗過不可思議的黑暗與光線後，彷彿從現實的時間感中抽離，是一種未曾有過的體驗。看到了如夢境般、未曾見過的事物，等待著與深沉且未知事物相遇的感覺，只能說就是非常地感動。

安藤忠雄先生因為《表參道Hills》與《光之教堂（大阪・茨木）》等作品聞名，是足以代表現代化建築的建築師。一手催生讓人們與荒涼的直島結緣、藝術之島的再生計畫。

地中美術館全景。為了不破壞美景，美術館的建築物都嵌在土地之中。攝影＝藤塚光政

既然都到了直島，希望各位不要急著離開，可以住在這裡、慢慢地探索。「Benesse house」是一間被島上的藝術品與四周海洋所包圍、與大自然融為一體的美術館+飯店。有許多與眾不同的特殊房型，像是設置在美術館內的「Museum Building」（小學生以下不得入住），還有可以一覽瀨戶內海與四國山巒的「Park Building」等。這裡也是安藤忠雄先生的設計，飯店內有多間餐廳，各項設施都很完善。

金澤21世紀美術館

「金澤21世紀美術館」中也有許多極具魅力的特展，希望各位有機會務必帶孩子鑑賞一下這些常設的展示作品。

最著名的是林德羅・厄利什（Leandro Erlich）這位藝術家的《泳池》，或許很多人都看過照片吧！

從腳邊佈滿水波紋路的游泳池往下俯視，竟然會有穿著衣服的人們在水中往上看著自己！試著到下方查看，才發現上與下隔著一塊10 cm厚、裝滿水的透明玻璃，玻璃下方是一個塗滿水藍色的空間。從下方往上看著自己的就是處於該空間內的人們。看著從上而下俯視的景色與從下而

雖然我也未曾拜訪過，但是如果要前往直島，其實還可以順道前往具有一間由美術家內藤禮與建築家西澤立衛所打造的「豐島美術館」的豐島，以及具有「犬島精錬所美術館」的犬島等兩座小島。

林德羅・厄利什的《泳池》2004年

Florian Claar 的《Klangfeld Nr.3 für Alina》2004年

上仰視的景色，我才知道用這般不可思議的心情遊戲也算是一種藝術，吹散了我因為難以理解而將美術束之高閣的偏見。

在室外各式各樣的常設展作品中，有一個作品我個人很推薦一看，那就是 Florian Claar 的《Klangfeld Nr.3 für Alina》。

美術館庭院內設置了12個喇叭管。從地上長出的喇叭管，兩兩成對連接在一起。因此，如果從一邊發出聲音，就可以傳送到相對的那隻喇叭。這個作品有趣得讓孩子陷入瘋狂，印象中我們光是在這裡就待了超過一小時（笑）。

Klangfeld 是德文，意旨「聲域」，此作品反映出藝術品具有聲音的可能性，是一件讓人即使完全不懂藝術也能享受在其中的作品。

我先生經常說：「不提問就無法理解表達概念的作品太弱了。真正厲害的作品是看到的瞬間就讓人覺得有趣，讓人覺得心情飛揚的作品。」這個作品簡直就讓孩子的心著了魔，我認為它應該是體驗藝術中最棒的作品之一。

照片皆由中道淳／Nacasa & Partners 拍攝

金澤21世紀美術館
www.kanazawa21.jp/
石川縣金澤市廣坂1丁目2番1號
☎：076-220-2800
位於兼六園真弓坂口斜前方。周邊有金澤能樂美術館、石川近代文學館、石川縣立美術館、石川縣立歷史博物館等許多文化機構。由妹島和世＋西澤立衛／SANAA所設計的建築物本身也是頗具可看性的景點之一。

美術館內舉辦的工作坊

美術館內往往會搭配特展，舉辦各式各樣的工作坊。

參加條件幾乎都是國中生以上，但仔細尋找或許也能找到小學生可以參與的活動。

如果是藝術家或是研究時代背景等的專家學者，可以直接申請個別指導，也可以自行製作作品，或是由學藝員解説、帶領參觀美術館內部，都是相當寶貴的機會。各個美術館的官方網頁中都有許多可申請參加的活動，請務必搜尋看看是否有適合的活動！

#12

鋼琴

建立情感教育基礎，從尋找老師到音樂發表會

學習音樂

目前為止，我家孩子一直非常熱衷於空手道。就算沒問他，他也會自己詔告眾人「我最厲害的就是空手道」，但是在3、4歲時他真的非常喜歡音樂。

當時他很喜愛電視上播放的NHK-E幼兒音樂節目《Quintet》，最愛的玩具全是樂器。他最喜歡的遊戲是在電視機前面擺放小鋼琴、銅鈸、木琴、太鼓等，播放著《Quintet》的DVD，再搭配著最

《Quintet》為一個很受歡迎的NHK-E音樂節目。市面上有販售DVD，以及集結在節目內演奏歌曲的CD。

愛的《卡門》與《威廉泰爾》，享受個人的音樂演奏會。

記得有件趣事是在兒子2歲時的夏天，他甚至和我們約定，如果成功戒掉尿布，要送他一把大提琴，結果還真的順利地從尿布畢業了！

雖然當初只是開玩笑，但是約定還是約定，我們開始尋找孩子適用的大提琴，最後終於在山野樂器買到一把105cm以下孩子專用、原尺寸10分之1大的大提琴。

雖然如此，我們還是希望他一定要學鋼琴，所以在他3歲上幼稚園時，就立刻讓他開始學鋼琴。雖然兒子說他想學大提琴，但是因為樂器很大，等到10歲左右再開始學習會比較恰當。一般來說，可以提早在3歲左右開始學習的是鋼琴與小提琴。我先生會吉他，我會鋼琴，我們兩個都對小提琴不熟悉，所以決定先讓兒子學習鋼琴。

尋對的老師

該怎樣學鋼琴比較恰當呢？

是要去與好幾位孩子一起學習的音樂教室，還是尋找一對一的老師比較好呢？光是要學鋼琴，就有很多事情必須做選擇。每一種學習方法

在音色方面，不論專業、業餘與否，皆可以在鈴木小提琴找到合適的大提琴。

www.suzukiviolin.co.jp

都各有千秋，實在讓人很困擾。我想，既然孩子那麼喜歡音樂，一對一的方式應該會比較適合他，於是拜託音樂家朋友介紹一位老師給我們。

音樂教室方面，通常可以先去參觀或是提出試上申請，實際去試上看看，覺得不錯再入會，如果難以決定，就再多參觀幾間比較。但是，如果想要找一對一的老師，狀況就不太一樣了。

不僅是鋼琴，做任何事情都一樣，我想鮮少有人會為了要幫孩子尋找才藝老師，突然登門拜師學藝。通常必須透過他人介紹，但是絕對不會因為對方是很棒的演奏家，對方介紹的專業鋼琴家就適合自己的孩子。

我先生經常說：「每當有人詢問孩子想學畫畫，哪裡有好的教室嗎？我實在完全沒想法。自己懂得某項才藝與可以把小孩教好完全是兩碼子事。就算我身邊有很多專業人士，還是想不到哪一位適合當孩子的老師」。孩子，特別是對於年幼的孩子，最好是尋找對幼兒很了解的老師。所以如果是要幫孩子尋找才藝老師，建議還是跟一些媽媽前輩或是媽媽友打聽，比較可能獲得可靠的資訊。

當有人幫忙介紹老師時，也要特別注意，一對一的老師無法像去大型教室一樣稍微試上或是參觀後就可以立即決定。因為「彼此合不合適」並沒有什麼具體的理由。如果沒有在決定拜師的前提下先見面，反而會對老師以及介紹者失禮，這方面也會影響對方與自己的信賴程度。如果會覺得「這樣不好意思」，那麼建議一開始還是先尋找大型教室或是帶有商業氣息的教室。

尋找一對一的老師時，最好事前先確實打聽過教學方法，再請他人介紹。

像是「不用出很多作業，只要每週在課堂上接觸一次鋼琴，讓孩子喜歡鋼琴的溫柔老師」或是「會確實出作業，如果沒有先在家練習就不能來上課的嚴格老師」。如果一開始父母沒辦法決定希望用怎樣的形式學習，或是不知道該讓孩子學習鋼琴到怎樣的程度，課程往往很快就無法持續下去。

話說回來，我家聘請的老師類型是後者，有時孩子也會說「在家不想練琴」，如果不練琴，就無法在老師面前彈得好，所以孩子會一直反覆地在拼命努力或是偷懶敷衍的極端狀態中掙扎。

我認為每天只有15分鐘也好，養成可以認真地面對鋼琴、好好練習的習慣非常重要。雖然有點麻煩，但是孩子自己也很清楚只有拼命努力才能確實進步。可以用雙手流暢彈奏時原本完全不會的曲子，這份喜悅會讓孩子確實成長。

小曾根真先生（請參照第155頁）建議「由於孩子會同時接收好的聲音與不好的聲音，所以連玩具都不能馬虎」，因此送了我們一台正式的小鋼琴。

鋼琴的部分，是將我小時候使用的YAMAHA直立式鋼琴從娘家運送過來。因為已經超過20年沒有使用，彈起來別說音色普通，根本就是走音了，必須重新維修調音，但是能讓回憶中的鋼琴從沉睡中甦醒，娘家的爸媽也都非常開心。

店家告訴我們直立式鋼琴與演奏型鋼琴的差別，就好像是用12色蠟筆畫圖與用36色蠟筆畫圖的差異。剛開始只要使用直立式鋼琴就夠了，如果當事人真的很認真想要拼命地把鋼琴彈好，接著就可以考慮使用演奏型鋼琴，不過那一天真的會來嗎？（笑）

成果發表會

一位學齡前的兒童很難有在眾人面前表演的機會，這並不讓人意外。幼稚園的園遊會上，雖然也會有單獨一個人講台詞的時候，但是基本上還是只有大家一起完成一個表演的經驗。運動會的大會舞等也是同樣的狀況。

現在我們在上的鋼琴教室，每2年會在河合表參道活動中心舉辦1次成果發表會，我家孩子也在幼稚園大班的春天上台演出了。所謂成果發表會，就是將目前為止自己的練習成果展現給眾人欣賞的一個場合。而且就只有1次上台機會。

到發表會之前，他每天都想著絕對不能彈錯，因為要讓來賓聆聽，一定得彈到完美才行，所以拼了命地練習。從一週前、3天前、前一天，終於到了當天，兒子顯得越來越緊張。發表會前一天到老師家中排演時，兒子還是錯在平常一直彈錯的地方。老師用一種不曾見過的表情，單刀直入地對他說：「不可以再彈錯了！你的努力還不夠！」

還好，前一天晚上以及當天早晨，他都拼了命不斷地反覆練習，他也認為自己總算「完成」，只剩正式演出了。

穿著平常不會穿著的正式服裝抵達會場後，看到台上那一台閃閃發光的演奏型鋼琴。兒子就是要在這裡彈奏這台鋼琴嗎？光看著就讓人緊張萬分。

發表會開始後，孩子必須與父母分開，依序坐在舞台側邊，老師旁邊的位置上。實際上包含中間休息時間，上下半場各1小時，總計2小時，算是一場相當漫長的活動。表演期間還不能打擾台上的演奏、不能跟旁邊的孩子聊天。不知道孩子能否乖乖坐好，是我非常擔心的部分。令人驚訝的，每一位孩子不論是否快輪到自己演奏，或是已經演奏完畢，都用一種正襟危坐的姿勢乖乖坐著。

終於輪到兒子上台。兒子用一種未曾見過的瀟灑姿勢走向舞台，和大家敬禮後開始演奏。中間只有1個地方彈得不太理想，但是他本人倒是像沒事一樣地重彈，之後就毫無差池地彈完2首曲子。

離開鋼琴、回到舞台中央、敬禮後退場之際，他竟然高舉雙拳，引起整場發出笑聲，我想僅有5歲的他，是想用他自己的方式在那樣的緊張氣氛中完整地表達出「我成功了！」的心情吧。

孩子真的可以從這個經驗中學到不少東西，因為朝著正式上台這個目標而長時間持續努力，為了正式上台，也必須調整身體狀態，使專注力維持在最巔峰。因為只有一次上台機會，要拿出最好的表現，萬一出錯也不要慌張，繼續努力呈現出最好的狀態。

老師告訴我們「聽說先有過鋼琴發表會的經驗，對參加小學入學考試比較有利喔！」我同意經歷過那種大型舞台後，對孩子來說應該暫時不會有什麼更令人害怕的事了，這真的是可以自我磨練膽量與耐性的絕佳經驗。

前往孩子的成果發表會，可以攜帶1000日幣左右的小花束。我個人是會準備幾個小禮物，在發表會後送給和兒子同一間幼稚園的小朋

譯註：日本小學分為國立、公立、私立。如想進入國立或是私立小學就讀，需要先經過入學考試。

友。我想如果有人對自己的演出表示「太棒了」還得到獻花，即便只是一個小小的成果發表會，一定會覺得自己備受肯定。

學齡前兒童可欣賞的音樂會

音樂可以陶冶孩子的性情。在此介紹幾個在幼兒時期即可前往欣賞的音樂會。

●「La Folle Journée on Japon」是一個每年黃金週都會在東京・丸之內、金澤、新瀉、琵琶湖、鳥栖等地舉辦的音樂慶典。東京於2005年開始，到2013年為止總計有577萬人次到場，令人相當驚訝這個活動竟然如此受到歡迎（http://www.lfj.jp/）。

原本是1995年於法國南特所誕生的音樂慶典，在歐洲為數眾多的音樂慶典當中，被評選為最令人興奮的活動。

隨著每年的主題不同，多采多姿的節目大多會集中在「La Folle Journée on Japon」，但是按照慣例一定會有一個「0歲開始的音樂會」。不僅有由世界一流的管弦樂團所演奏的古典音樂，還會依各個主題聽到鋼鼓或是民族樂器的歡樂演奏。

此外，令人欣喜的是，一整天的節目幾乎都是3歲以上即可入場的活動。

●Zoorasian brass　狼是指揮家，北極熊吹低音號、亞洲獅吹小號、蘇門答臘虎吹長號…這是由各種動物組成的樂團。動物頭套配上無尾晚宴服演奏著古典名曲，在幼兒群中相當受到歡迎！

此音樂會於日本全國各地舉辦，相關

資訊請參照 www.superkids.co.jp/z-brass/index2.html。

●Carnegie Kids at Suntory Hall 每年夏天都會在 Suntory Hall 舉辦與美國 Carnegie Kids 合辦的3～6歲幼兒活動。

在小型演奏廳內的演奏會，與演奏家的距離非常近，曲目選擇方面也是孩子們非常容易理解的曲子，還會從旁加入解說。

表演結束後，也有可以在會場與演奏家們互動的機會，是一場會讓人覺得這些美好的音樂非常貼近自己的音樂會。

詳情請見 Suntory Hall 官方網頁。
www.suntory.com/culture-Sports/suntoryhall/

#13

展現繪畫能力，改變孩子的生活態度

繪畫教室

畫畫的重要性

我想讓孩子學習畫畫，因為畫畫濃縮了接下來人生所需的各種能力。是哪些能力呢？

首先是可以思考自己想要畫些什麼的能力。自行決定想做的事情、想說的話、想畫出來的東西該如何表現的能力，乍看之下或許是理所當然的事，然而令人意外的是很多成人其實辦不到。

還有理解力。畫畫，最重要的並非繪圖技巧。想畫出的究竟是怎樣的東西，必須先要有對該對象物的理解能力。

如果無法理解就講不出來，成人應該非常明白這層道理，孩子們也一樣，如果無法理解就描繪不出來。

自己想描繪的人物、動物、東西、風景、回憶等，自己該如何去感受那些事物的存在。或者，是否可以釐清、掌握好自己與對象物之間的關係，也就是說，是否能夠確實理解那些事物，都是畫畫時所需要且不可或缺的要件。

第三項是表現力。這裡所謂的表現力並不是指繪圖技巧，而是如何將理解過後的事物描繪出來，這項能力同時伴隨著組織思考的能力。假設想要畫獅子，為了傳遞出自己想要表達的訊息，必須有能力去思考該如何表現會比較恰當，例如是為了要讓看的人覺得獅子雄壯、帥氣？令人感到害怕？或是讓人覺得很親切？

也就是說，畫畫可以培養出觀察事物的角度與思考方式。因此，我希望能夠給孩子一個很棒的學畫環境。

1歲半時的挫折

「佐藤可士和先生的孩子，一定也很會畫畫吧！」我家孩子從小就一直被這樣說。

然而，孩子到幼稚園中班的秋天為止都非常討厭畫畫！他完全無法畫畫，甚至連園長都在個別面談時和我們表示「這樣有點不太好」。

我到現在都還清楚記得孩子之所以會變成那樣的原因。那是在他一歲半左右發生的事情。當時先生擔任NHK-E幼兒英語學習節目《用英語玩遊戲》的藝術設計總監，節目中的主角「Kebo & Motch」也是由他設計的。

某一天，兒子自己在畫「Kebo & Motch」，當然畫得不是很好。先生看到了就和他說：「要這樣畫唷！」並很快地畫了一張給他。原本先生是打算要和兒子一起玩，沒想到卻因此讓兒子感到很惶恐、自尊心受損，之後就完全放棄畫畫，甚至挑明了說：「我超討厭畫畫！」

兒子不但在家不畫畫，甚至連在幼稚園，或是托兒所也完全不畫。被老師注意到後，兒子又變得更討厭畫畫，完全陷入了惡性循環。

《用英語玩遊戲》已有20年以上的歷史，目前正在播放第8期。主角也從「Kebo & Motch」傳承到了「Bo & Bea」。

先生也曾經想做些什麼幫助他，但是一但失敗，就不知道該怎麼辦才好。就在束手無策的時候，我們找到一間位在東京碑文谷的繪畫教室。

選擇繪畫教室

坊間有各式各樣的幼兒繪畫教室。有些教室開設的目的是希望孩子了解畫圖的樂趣，有些則是以參加小學入學考試為目的所開設的教室，實際上有各種形式存在。然而，要找到一間適合自己的教室或是老師可說是相當困難。

朋友當中也有「為了入學考試，只要能夠畫到一定程度就夠了。比起畫圖還希望孩子體驗更多其他東西」的媽媽，我認為那也不失為是一種選擇方式。

重點是，父母本身必須先釐清，自己希望孩子透過畫圖體驗到什麼？接著再來尋找繪畫教室。

如果不是要尋找為了小學入學考試而強化技巧的繪畫教室，相信孩子「可以自由表現」，最好注意該教室的繪圖方式是否過於僵化。

我先生經常說，畫畫一定要在愉快的氣氛下進行，絕對不能責罵、否定孩子。

在我們試上、參觀過幾間繪畫教室後，我認為這間位於碑文谷的繪畫教室最棒的地方，在於非常重視孩子的自由感性面，是一個能夠引導出孩子想像力與表現力、展現出個性的環境。如果父母在身旁，孩子往往無法專心，所以通常會採取進入教室90分鐘後，再讓父母來接孩子的方式。試上時則會先讓父母在稍微有點距離的地方觀察孩子的上課情形。

教師群都是畢業於東京藝術大學、武藏野美術大學、東京造形大學等美術大學。教室裡飄散著一種藝術工作室的氛圍，4、5位孩子圍繞著一張大桌子，平均每位老師指導2位孩子。

他們會依照主題讓孩子畫出腦袋中所想像的內容，像是「來畫花朵吧」、「來畫從天空看到的景色吧」、「來畫工作中的人吧」等，在由老師仔細指導之前，他們會先詢問孩子自己想畫些什麼。

然後，至於該如何描繪，老師會讓孩子先用鉛筆在素描本上打草稿，慢慢引導出孩子的想法。

當有孩子的作品表現得特別有趣時，負責指導的老師就會大聲地告訴其他老師與孩子「大家請看一下，○○是這樣畫的」，其他的老師也會群起響應：「好棒！好有趣！」並為孩子拍手喝采，散發出歡樂的

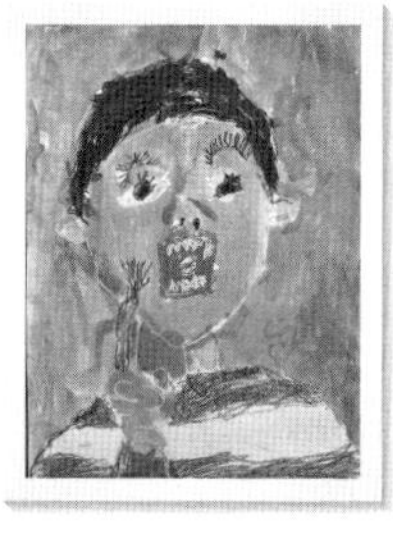

5歲時畫的「自畫像」。

氣氛。

我先離開教室，待45分鐘左右試上時間結束後，再回來接孩子。沒想到當我回來時，竟然看到兒子在等候區的椅子上熟睡。

我呆呆地看著，想說到底發生什麼事了？老師說：「因為他剛剛非常專心地畫圖，我想應該是相當累」然後拿著孩子畫好的猴子給我看。

那是我未曾看過，連細微的地方都仔細地描繪、非常生動的畫作！綠色的背景搭配咖啡色的猴子，黃色香蕉的色彩也非常鮮艷，是一幅非常奔放自在的畫作。「咦？這真的是我家孩子畫的？」我在感到驚訝的同時，也非常感謝老師給予原本討厭畫畫，並覺得自己很差勁的他一個可以認真作畫的環境，兒子甚至還因為盡全力畫畫而睡著了。

能培養自信

經過2年，從原本完全不想畫畫到現在，兒子的態度已經有了180度的轉變，他自己也說：「我比爸爸還會畫畫」（笑）。

幼稚園中班期末時，兒子入選了以「想留給未來的自然環境」為題徵選繪畫作品的「普利司通兒童環保繪畫比賽」，也是突然變得更有自信的關鍵。

兒子相當得意，認為「爸爸第一次入選時是小學生。我幼稚園就入選了！」

雖然這其中有很大的認知差異，但是能夠在年幼時期培養「我可以自己完成這一項」、「這一項，我不會輸給別人」的想法是非常重要的，希望孩子能在心中培育出重要的自信。

對兒子來說，一方面非常崇拜父親，一方面又具有為了超越父母而成長的自尊心是很重要的。在那之前，體力、運動、讀書等各種競爭的過程中，還會遭遇許多的挫折。我希望孩子永遠不要失去「我還有這個能力，只有這項我不能輸！」的核心意志。

不論兒子自己的核心意志是否會想要持續畫畫，我認為藉由畫畫這件事情，確實可以創造出自己好好面對自己的機會。

普利司通兒童環保繪畫比賽

www.bridgestone.co.jp/sc/ec-okaiga/

這個活動的發起目的是希望孩子們可以重新認識無可取代的地球環境。左圖為當初入選的作品。

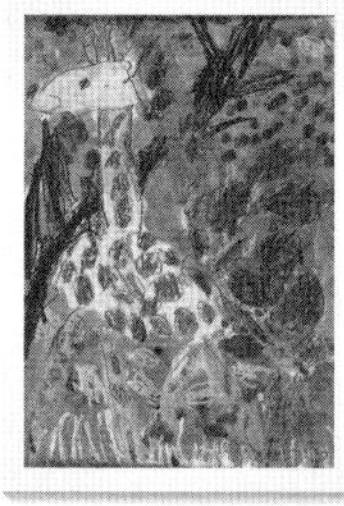

還有許多由企業主辦的兒童繪畫比賽。例如住友保險公司舉辦的「目標羅浮宮！兒童繪畫比賽」，最特別的是得獎作品將會在羅浮宮美術館展出。

#14

YMCA

活動課程豐富多樣，寒暑假的好選擇

突發事件

上幼稚園之前，兒子每週有2天會去參加Preschool（預備入學）的活動，是個有點類似才藝補習班的地方。其他時間兒子幾乎每天都在家。不過，從兒子3歲開始，他每天從早上到下午一點都在幼稚園，所以我可以確保中午前是孩子不在家的私人時間。就這樣過了1～2個月，正當我習慣一早就可以開始全力衝刺工作的狀態時，突然發現了「暑假」的存在！

從7月中旬到9月初，大約2個月，這麼漫長的一段時間，工作無法中斷、又沒有幼稚園可上，到底該怎麼度過這段時間呢？當時我對這個突發事件感到不知所措。

YMCA

我們去過許多稱之為夏令營的機構，其中兒子最喜歡，且會一直重複再去的是YMCA。

YMCA（Young Men's Christian Association）在1844年創立於倫敦，是全世界第一個志工組織，目前在全世界119個國家與地區，約有5800萬會員正在進行各種活動，是全世界規模最大的非營利組織。

東京YMCA的歷史也非常悠久，據說創立於1880年。是以基督教精神為基礎的團體，由於這個團體並非以傳教活動為目的，因此完全沒有任何傳教行為，只希望不論年齡、宗教、國籍、性別等所有的人們都能夠充實地成長，因而提供體育活動、野外活動、國際協助與交流、志工活動、幼兒教育、老年照護等服務。

可於日本YMCA官方網頁 http://www.ymcajapan.org/ 檢索各地區的YMCA活動。各個分部的活動課程會有若干差異，但是像「游泳夏令營」這種則是每一間YMCA都會有的常設課程，希望各位可以去嘗試看看。

在學校或是幼稚園的暑假、寒假、春假時，YMCA都會提供一些內容多彩多姿的活動課程。每一種都令人感到期待又興奮，可依孩子年齡給予豐富的成長機會，因而顯得非常有魅力。

游泳夏令營

幼稚園小班、中班時，每逢放假，兒子就會想去參加「游泳夏令營（也有冬令營／春令營）」。

這是連續3～5天的課程，上課時間為10點～16點40分（小學生則是到17點40分）比幼稚園的上課時間還更長！每梯次限定30位學生，孩子每4、5人一組，由一位大學生隊輔員帶領。

內容相當豐富，一整天的行程是早上先到YMCA集合，中午會到附近的公園玩遊戲，再回YMCA吃午餐。不需要自己帶便當，YMCA會提供每日的午餐！下午則會讓孩子做一些勞作或是閱讀、團體活動等，最後會在回家前的最後一小時上游泳課。

對孩子而言，這種活動最特別的地方或許是因為有大學生隊輔員的存在。雖然每一位都是受過訓練的大學生志工，但就是與平常接觸到的

每天都很有精神地出門。

「老師」磁場明顯不同，是可以信賴、可以一起玩遊戲的「大哥哥＆大姊姊」。

當然，他們也會嚴格注意孩子們是否有對其他朋友造成困擾或是危險的行為，孩子之間若有吵架或是發生其他狀況時，他們會儘量讓孩子們自行解決，不會過度干涉，但是會從旁看顧著。

提供一個讓孩子可以自在成長的環境，是ＹＭＣＡ的魅力所在。他們會確實教導孩子要做到仔細聆聽他人說話等基本的生活態度。由於ＹＭＣＡ並不像「教室」，基本方針是尊重孩子的自主性、讓孩子活得像個孩子。

孩子完全不覺得自己是「去教室上課」，因此即使營隊的時間比在幼稚園的時間更長，也不會感到有壓力。

對父母而言，可以確保連續好幾天都有完整的私人時間，也不會讓孩子在那段時間感到委屈，實在是幫了大忙！

報名要趁早

最令人開心的重點是「游泳夏令營」會在學校放假期間開立好幾個

在游泳池裡游泳。
照片＝ＹＭＣＡ

時段，可依個人時間做選擇。

然而，因為非常熱門，最好在開放報名當天打電話預約。而且必須有最少一小時不斷重撥電話的覺悟與耐心（笑）。

還有，也要特別注意報名的時間點。暑假通常會在大家覺得「好像還很早」的5月下旬就開始發送簡章，並於6月中旬開始接受報名。就我所知，這個「游泳夏令營」的公告時間比較晚，一般活動課程通常在黃金週結束後沒多久就會公告周知。

不少由國際學校等單位舉辦的全英語夏令營則會更早，在4月底額滿即結束報名。

剛開始時我也對這種時間排序的事情感到很困擾，但是為了避免太晚報名造成遺憾，請各位務必盡早開始收集相關資訊。

滑雪營隊

「游泳課程」是以每日通勤的方式辦理，但是還有很多其他搭配住宿方案的活動課程。

例如：「滑雪營隊」的年齡設定在幼稚園中班到小學2年級之間，

最著名的是由「日本美國學校（American School in Japan）」以及「國際英研中心」所舉辦的活動。詳情請見 The International School Times 官網 istimes.net。

活動期間最少3天2夜，就很適合選擇做為第一次的外宿活動。營隊期間會配合每個孩子的程度，進行小班制的學習，不需要嚴苛的滑雪練習即可學會滑雪。當然，因為有隊輔員的帶領，滑雪以外的時間也會以小組活動時間等方式愉快地度過。

第一次的外宿經驗非常重要。如果第一次的外宿經驗讓孩子覺得很痛苦、很寂寞，之後孩子就會變成「不想再外宿了」。有這種可以讓孩子開開心心參與的YMCA滑雪營隊，實在難能可貴。

滑雪課程中孩子經常會有覺得自己「成功了」、「做到了」的時候。這時，身邊有可以分享喜悅的隊輔員，還有朝著相同目標而努力的同齡朋友，與和家人一起去滑雪時的感覺完全不同。

之前我們全家人一起去滑雪時，兒子因為太累，態度顯得草率敷衍。雖然因為疲勞也莫可奈何，但我仍然嚴厲斥責露出那種態度非常不恰當。幾天後，他便出發前往YMCA的滑雪營隊。

印象中，他一回家就立刻用有點誇張的語氣向我報告「雖然因為跌倒很痛哭了2次，但是我一直很努力沒有放棄，堅持到最後喔！」或許沒有父母在身邊讓孩子依賴，把他們放在一個所謂孩子社會的共同生活領域中，他們就會自己去思考自己該有的態度吧！這讓人實際感受到這

菅平滑雪營隊。
照片=東京YMCA

些活動課程帶來的多樣性魅力，我也很想向給孩子這些學習機會的隊輔員說聲謝謝。

勞作課。
照片＝東京ＹＭＣＡ

ＹＭＣＡ多元的活動課程

ＹＭＣＡ中還有很多有趣的活動課程。

●手作學校　對象為幼稚園中班～小學2年級，為期3天的手作學校。可以引導出孩子的自由創意想法。大家會一起到附近公園，從收齊材料開始進行。根據一個大主題，自行想像最後要創作出的作品，遇到困難時可以與隊輔員討論，並且利用這3天完成作品，最後在大家面前發表。最後一天的發表時間，父母也可以參加。

●英語日營隊（English day camp）　以用英語玩遊戲為目的，連續3天的英語日營隊。第一天是在ＹＭＣＡ館內使用英語玩遊戲以及做一些小勞作，第2～3天則會與老師一起搭乘公共交通工具出遊。每次都有不同的主題，遊戲以及地點會隨著主題做不同的變化，可以在遊戲中確認學習到的英語單字或是表現方式，同時度過愉快的時光。

●大自然體驗營隊　夏天時會準備一些可以在大自然中體驗的各種營隊活動，像是山中探險、使用在森林中找到的樹枝、樹葉進行創作、搭乘獨木舟或是橡皮艇遊湖、捕捉河川內的生物與戲水，或是健行、野外烹煮食物、星空觀察、營火晚會等。

幼稚園兒童可以參加的是中班～小學2年級或是中班～小學4年級，3天2夜或是4天3夜的營隊。人數約為40位。會搭乘巴士前往山中湖或是妙高高原等地。

可以在大自然中悠閒地度過幾天是一項非常棒的體驗，不僅是體驗營隊設計的活動，參與營隊最大的目的是在體驗生活。

●野尻小學生營隊　這是一個每年夏天都會舉辦的營隊，共有70位小學1年級～6年級的學生，可以參加東京YMCA野尻的營隊活動。這7天6夜的夏季活動非常充實豐富，可以在湖內遊玩、體驗竹筏與橡皮艇、挑戰射箭、製作點心、觀察昆蟲等。

●微笑俱樂部／探險俱樂部　前面所介紹的都是暑假或是寒假等季節性的活動課程。還有一種是每個月進行一次的活動。

微笑俱樂部是以幼稚園兒童為對象，每年5月到隔年2月，每個月有一個星期日會與隊輔員一起外出的定期野外活動。探險俱樂部則是以小學生為對象。

目的地包括昭和紀念公園，或是從高田馬場出發，搭乘電車至約1小時車程的公園或是近郊的山區。秋天也會乘坐觀光巴士前往賞楓，1月時則預定有一晚會為了去玩雪而外宿。

透過在大自然中玩樂的團體活動，孩子可以學習、成長許多。由於整年度的成員是固定的，因此也會逐漸加深與隊輔員以及朋友之間的情感。

#15

難波探索營

營造國際化環境！讓英語變成日常生活的一部分

兒童英語教育的目的

兒子小學1年級時，有不少同學每週都要上1天的英語課。我們家並沒有特別讓孩子學英語，像我們這種沒有參加英語才藝班的人或許是少數。

我個人一直覺得很疑惑，幼兒時期每週1次，每次1小時左右的英語學習，到底意義何在。

即使開始的時間點較晚，但是我認為當孩子自己有意識地覺得「我想要說英語」時，再密集地開始學習英語就好比。起現在每週去上1次英語課，讓孩子自己發現用英語說話的樂趣，或是因為能力技術上需要用到英語，不是更重要嗎？

那麼，針對現階段的英語教育，應該做些什麼呢？

我想盡可能不要讓孩子對英語抱持著負面的情緒，讓孩子適度處於可以快樂接觸英語的環境即可。

例如，我們家是「Tokyo American Club」的會員，這個俱樂部在餐廳點餐時，或是參加一些孩子專屬活動時都必須全程使用英語，建立出一種即使用英語說話，也不會有彆扭感的良好環境。

此外，在良善的意義下，希望孩子即使面對外國人也不要抱持著特殊的情感，而是用正常的方式與其接觸。在成長階段，如果有一些無法說日語的外國友人存在，例如：剛好有喜歡的棒球選手進入美國職業棒球大聯盟（MLB），因為想要知道更多關於MLB的事情，所以主動表示「我想說英語」就太幸運了！比起尋找英語教室，我更想要努力打造出這種學習環境。

Tokyo American Club是一個有餐廳、宴會廳、游泳池、圖書館的會員制俱樂部會所（clubhouse）。舉辦會員專屬的各種休閒活動或是兒童活動。如果不是會員亦可在「Decanter」餐廳用餐。http://www.tokyoamericanclub.org/

難波探索營

因此，我有時候會和一些孩子在國際學校讀書的朋友諮詢，如何打造出一個快樂的英語學習環境，他們會告訴我一些「孩子能夠參加真是太好了」、「還想再參加一次」等口碑、評價較好的營隊。

以在日本生活的外國人家庭孩子為主要對象，主辦該營隊的機構「Discover Japan」會依季節舉辦夏令營或是滑雪&滑板等營隊，目前已有30年以上的歷史。

「難波探索營隊（Nanbo Discovery Camp）」是Discover Japan位於南房總千倉的營隊機構，以6歲至13歲的孩子為對象，僅於夏季舉辦活動。

從7月下旬至8月下旬，會安排好幾個梯次，有6天5夜的完整行程或是4天3夜的迷你行程，可依孩子的狀態或時間表選擇。

如果是第一次置身於真正的英語環境，我認為可以愉悅地溝通是最重要的，所以對這種營隊很有好感。我家孩子是從小學1年級時的暑假開始參加這種6天5夜的英語營隊。

「Discover Japan」自1977年設立以來，一直都是針對孩子與成人進行戶外教育的活動機構（http://discoverjapan.co.jp/）。南房國際村（千葉縣南房總市千倉町瀨戶）的夏令營「Nanbo Discovery Camp」每年會在7月中旬到8月中旬，舉辦6次左右的4天3夜營隊。冬天的滑雪與滑板營隊地點位在志賀高原。除了營隊以外也會舉辦Live音樂會或是BBQ等活動。

事實上，當時參加過的營隊，即使用的是母語「日語」，最長也只有4天3夜，我本來還很煩惱要不要先參加迷你行程，但是考量只有3晚，使用英語的機會比較少，甚至可能好不容易可以跟身邊朋友溝通，卻差不多要回家了，所以毅然決然選擇較長的6天營隊。

當然，我們也有準備安全防護，就是讓孩子與好友2個人一起報名。雖然當初我先生說「要是和朋友一起去，就會一直跟對方說日語，完全沒意義吧」，但是在身邊都是第一次見面的外國人，而且又以英語為主的嚴格環境，我認為孩子需要情緒出口。

話說回來，一起參加營隊的那位朋友平常就住在有很多外國人居住的公寓，她的孩子也是不論日語或是英語，連遇到初次見面的人都能侃侃而談的類型。把他們兩人搭配在一起，我覺得還蠻平衡的。

向Discover Japan提出任何諮詢或是報名時全程都必須使用英語，所以父母多少也需要一點語言能力。事前與老師進行電子郵件或是電話的溝通，也不能夠使用日語。

彷彿是處於英語圈的國家，在一個真正的英語環境，孩子沒問題嗎？我也不是完全不會擔心，但是當營隊第一天在東京車站集合時，我發現老師與支援的學生工作人員其實都會說日語。雖然老師說出口的都是英語，但是如果孩子完全不懂，或是有想說的話卻不知道該如何用英語表達時，用一下日語也ＯＫ。老師還是會用英語回答，據說因為父母們還是希望孩子有個可以說英語的環境。這樣就讓人稍微放心了！孩子與我互相以微笑道別。

美式風格！

首先令人驚訝的是，老師與學生工作人員都非常親切。接下來的6天，與父母分開、置身於陌生的環境，但是卻被工作人員們陽光般的氣場所包圍，包含兒子在內，所有人從集合地點開始就顯得很興奮。

詢問後發現，有些孩子上週剛參加過前一梯次，因為太開心了，所以連續參加2週。

營隊過程中，當然不能用電話與孩子聯絡，因此無法知道細節。但在營隊結束那天，跟著孩子一起回家的卻是「超級開心！」的感想。

不僅如此，才剛回到家，他就說：「下週的營隊我可以參加嗎？」竟然會說出想要連續參加2週，真令我驚訝。

父母可以在一天的活動結束後，透過網路欣賞當天營隊所拍攝上傳

可以透過網路，看到營隊的狀況。在好的意義下的確是脫離了日本。世界各國的孩子，大家都很開心的樣子。

的照片。因此我知道千倉的營隊地點有著廣大的草地空間，也有在室外鋪設木質地板，是一個非常舒適的空間。

除了可以在廣場上踢足球、打羽毛球、跳繩，也會離開該地點去海邊或是游泳池嬉戲、騎腳踏車。午餐或是晚餐都會在室外餐桌上進行，步調緩和的氣氛，令人心曠神怡。

提供的餐點幾乎都是美式風格，像是漢堡、咖哩、墨西哥捲餅，點心則是椒鹽卷餅（Pretzel），光是與平常的餐點風格迥然不同在孩子心中就是滿分了吧（笑）！

成果方面

最重要的英語成果如何呢?兒子的說法是「因為日語也通，所以完全沒問題唷!不過 Mr. Green（老師）只會說英語，就連吃飯也必須說『Yes, please』，不需要的時候也一定要說『No, thank you.』才行」。

我追問他：「要做些什麼，或是要去哪裡時，聽得懂用英語說明的內容嗎?」他回說：「雖然聽不太懂，但是因為聽到老師說 morning beach，我就想說應該是早上要去海邊吧!又聽到老師說 toilet，就想說應該

*椒鹽卷餅（Pretzel），即蝴蝶餅

是出發前要去上一下廁所吧！所以我就去廁所了，如果真的不知道就問一下大哥哥（大學生工作人員），他們就會告訴我，所以沒關係」。

這一週當然無法奢望英語能力突飛猛進，我們的目的只是想讓孩子能夠稍微習慣國際環境，並且享受聽說英語的樂趣，讓孩子自發性地想用英語溝通、想更熟悉英語、更想去這類的地方，因此相當滿意兒子表達的感想。

一個梯次約有30名左右的孩子參加，大多數是外國人或是混血等以英語為母語的孩子。

考量營隊的語言環境，建議尋找最多只收3位Japanese-Japanese（父母皆為日本人，並非歸國子女或國際學校的學生）的營隊比較恰當。

在此說個笑話，在去年夏天的營隊過後，我們前往尼加拉瀑布以及紐約旅行，還記得以前兒子會因為覺得很丟臉、無法溝通而覺得厭煩的孩子氣模樣，那次竟然自己說出了以前絕對不可能說出口的「Catch up, please.」以及「One more apple juice, please.」這種簡單的對話。

雖然只是小小地前進了一步，卻著實感受到了一些成果。

第三章

出國旅行，播下一顆種子

在閱讀——
第三章之前

「想去看一些未曾見過的事物。想造訪一些未曾去過的地方」是我人生的夢想。因此，這樣的我從很久以前就非常喜歡旅行，認為唯有旅行才能享受到人生的醍醐味。孩子出生之前，經常會很興奮地想像接下來要去哪裡哪裡，總是會先做好行程規劃。

孩子出生後，果然暫時不能出國了。在孩子2歲之前，我只因為工作的關係去了香港與夏威夷。不過，兒子2歲半時，我便下定決心要試著去一趟普羅旺斯旅行，沒想到過程意外地順利。當然，不能夠像只有成人旅遊時排滿緊湊的行程，也無法隨興地變更行程。而且，心中還要設想一些孩子可以理解的內容，與過去的狀況完全不同。不過，事實上也因為有了這趟旅行，後來我們才有機會再前往肯亞、迪士尼郵輪等不同的旅遊地點。

說到我家孩子，不僅會自己提出想要去肯亞，還會因為在電視上看到受到震撼而想前往尼加拉瀑布、金字塔與人面獅身像——斯芬克斯（Sphinx）、可以看到極光的冰島等，世界上有很多想去的地點。

看到一些令人心動的風景，便想動身前往是相當自然的想法，但也不是所有同年齡的孩子都會這樣想，或許是在不知不覺中受到愛好旅行的我所影響。

話說回來，從還不識字開始，我家孩子就很喜歡「LOGO」，從戶外用品品牌、運動產品製造商、車子、銀行、便利商店，甚至是玩具製造商，身邊所有的東西都用LOGO進行識別，本身也確實具有一些非常喜歡的LOGO。

我想這方面可能就是受到先生的影響，我家先生雖然不會頻繁地與孩子談論LOGO或是設計相關的話題，但是孩子難免還是會在談話的過程當中、生活環境中自然而然地記住那些東西，而旅遊也一樣。

回想起來，我本身非常重視自己的喜愛與專長，並且打從心裡享受那些事物，我認為對孩子來說也是非常好的示範。

想與孩子一起出國旅行，但在日本國內所能取得的相關資訊並不多，實在很難找到像是可以在那些地方體驗那些事物、孩子的接受度如何、何時才是最佳的旅遊季節、交通該如何處理、該飯店或餐廳是否可以帶小孩進入等必要的資訊。

然而，毅然決然地出發旅行，絕對可以親身體驗到世界之大，有那麼多的國家、形形色色的人類與各式各樣的生活、文化與歷史。

在此所介紹的資訊，如果可以成為一種啟發、讓各位有機會去看一看那些未曾謀面的事物，對於一個旅遊愛好者來說，絕對沒有比此更幸福的事了。

#16

普羅旺斯之旅（法國）

帶著孩子一起去度假，體驗歐洲

前往歐洲

與孩子一起出國旅行，在精神面與物理面的門檻都很高。

我們家與孩子的第一次出國旅行是在兒子5個月大時，去過香港。由於飛行時間較短，且當時孩子才5個月大，所以大部分時間都在睡覺，印象中並沒有甚麼特別辛苦的感覺。

之後，又去過幾次夏威夷，終於在2歲半的夏天決定要嘗試第一次的歐洲之旅。目標是舉辦國際戶外鋼琴音樂節「La Roque d'Anthéron」的

正式名稱為「La Roque d' Anthéron Festival International de Piano（法國拉羅克當泰龍國際鋼琴音樂節」。拉羅克當泰龍（La Roque d'Anthéron）是一個距離著名南法街道塞尚之路（Circuit de Cézanne）——普羅旺斯地區艾克斯（Aix-en-Provence）約30分鐘車程的小村莊，由音樂製作人勒內・馬丹與當時的村長，於1981年舉辦了第一屆鋼琴音樂節。之後，便不斷地有世界著名的鋼琴演奏家或是聲樂家前來演出，確立了其國際級的鋼琴音樂節地位。活動從每年的7月中旬到8月中旬，為期一個月，5月中旬即會公布當年度的節目表與演出者名單，即可開始預約購票。官方網站http://www.festival-piano.com/（有英文介面）

普羅旺斯！

由於從日本沒有直飛的班機，必須先飛約12小時抵達巴黎，住一晚後再前往南法。

為了因應長時間的飛行，我購買了好幾片新的DVD，像是兒子最喜歡的《Quintet》、《和媽媽一起（おかあさんといっしょ）》、《小貓丹丹（ノンタン）》等，以及隨身DVD機，放在手提行李內一起登機。還準備了立體繪本與立體拼圖等不會發出聲音的玩具，以及他喜歡吃的零食。我將這些全數放入隨身行李，戰戰兢兢地登機。

我如臨大敵地坐在飛機上，但是2歲半後，兒子只要有自己感興趣的DVD就可以安靜地觀賞，累了就睡覺，1歲多去夏威夷時，這個方法還不太可行。

父母希望孩子在飛行時間內如何度過，當然因人而異。在孩子不會打擾其他乘客的狀態下安靜坐著、孩子本身也不會感到壓力的基礎下，我認為2歲半左右是可以接受長途飛行的。當然，父母恐怕無法隨時依自己喜好觀賞電影或睡覺。

從巴黎到塞尚之路必須搭乘停留在馬賽（Marseille）的班機，若是帶著孩子，其實搭乘火車也很有趣，可以搭乘TGV作為移動工具。如果

中提供節目表與預約辦法，拉羅克當泰龍與盧爾馬蘭附近的飯店資訊，以及至會場的接駁巴士等交通資訊。

每間航空公司都會針對兒童提供一些特別的服務。www.ana.co.jp/ja/jp/serviceinfo/international/support/family www.jal.co.jp/dom/support/smilesupport/baby.html 必須預約，可事先告知會有嬰幼兒搭乘。機艙內通常較為寒冷，建議準備薄罩衫外套。此外，起飛與降落之際，耳朵可能會疼痛，也可以準備一些糖果。

TGV為法國高速鐵路。從巴黎直達塞尚之路約需3小時。可以先在日本購票。

是孩子生平第一次的出國旅行，採用這種方式既輕鬆又有趣（當然即使不搭乘火車，也不會太辛苦），是我個人覺得蠻不錯的交通方式。

旅行之所以會讓人覺得辛苦，主要是移動問題，所以必須事先調查好交通以及轉乘方式等相關資訊，掌握最適當的路徑。因為即使是孩子出生之前的行程，也可能有意外發生，所以孩子出生後的旅行規劃就變得比較寬鬆。

拉羅克當泰龍

2009年，我的好友——爵士鋼琴家小曾根真先生與大型樂團No Name Horses預計在拉羅克當泰龍公演，因此熱情地邀請了我先生。

以往室外的音樂節多因為拒絕學齡前兒童，而一直無緣入場欣賞小曾根先生現場演奏的兒子，這下子終於可以參加了！於是我順勢說「我們乾脆就在今年的暑假前往普羅旺斯吧」並決定成行了。

音樂節的名稱是「La Roque d'Anthéron」，是一個距離塞尚之路車程30分鐘左右的小村莊名稱。這個人口僅有5000人的村落，每到夏天卻有一整個月的時間會湧入好幾萬名來自世界各地的人們，這些訪客的

小曾根真先生是一名活躍於古典樂與爵士樂，縱橫無阻的鋼琴演奏家。從事電視台與舞台音樂等的指導工作，活動範圍遍佈全世界，相當受到矚目。No Name Horses是與小曾根先生搭配的一個獨創且非常有活力的樂團。

目標都是戶外音樂節——La Roque d'Anthéron。從古典到爵士，聚集了許多名聲響亮的鋼琴家，整個村莊內有超過１００個活動在各地舉辦著。

該音樂節的核心據點是在公園樹林中所搭建的摩登半圓形戶外音樂廳「Parc de Florans」。

No Name Horses出場的演唱會也是在該音樂廳舉行。在天色還很明亮、夏季的南法傍晚開始演奏。我們聆聽的那一場是由奇克・柯瑞亞（Chick Corea）（鋼琴）&格里・伯頓（Gary Burton）（顫音琴）所演奏的節目，是一場非常華麗的二重奏。在清爽澄淨的空氣中所聽到的音色與在室內的感覺完全不同，更具有奔放感，讓人能夠放鬆心情地聆聽。

90分鐘左右的上半場結束後，會有短暫約1小時的中場休息時間。

這個休息時間更是非常特別，因為幾乎所有的觀眾都會在草地上攤開野餐墊，拿出自行攜帶的三明治與法式鹹派，還有看起來相當美味的前菜與紅酒，展開一段「野餐時間」。

除了享受音樂，竟然還能盡情享受在天黑之前的這一小段時間，讓我相當感佩「真不虧是歐洲人，竟然有這麼豐富多元的享受方法」。

我們剛好也有攜帶準備要給孩子吃的麵包與果汁、點心，所以可以和大家一起度過悠閒的幸福時光。兒子相當開心，說是這趟旅行中最幸

Parc de Florans。

福的回憶。

緊接著下半場，終於輪到小曾根真 with No Name Horses 登場。與方才靜靜感受演奏內容的上半場氣氛迥異，觀眾席顯得非常High！在狂熱的狀態下直到結束，是一場全體觀眾起立、拼命鼓掌的壓軸表演。

兒子聽著爵士樂，說出了他的感想「就像大象在咆哮」，還與其他觀眾一起拍手大喊。小曾根先生的現場演奏氣氛總是如此熱烈，孩子也與其他觀眾一起用力叫喊、用力拍手，這是戶外音樂節才能具有的氣氛！

正因為有這種戶外的音樂節，我們才得以在如此美好的地點，與家人一同享受全世界一流的音樂家演奏。

話說回來，下半場結束、觀眾開始離席時，已經超過晚上11點。回到飯店時，已經是隔天的清晨。除了我家孩子以外，也有許多孩子參加這場盛事。然而，對孩子們而言，就算是暑假，這個時間還是太晚了。雖然也有白天的節目，但是同樣都是由勒內・馬丹所策劃。La Roque d'Anthéron 本身和每年5月在東京丸之內舉辦的 La Folle Journée on Japon 音樂節*不同，並不是以孩子為主的音樂節，所以特地把這個部分寫出來供大家參考。

*請參考第109頁「學齡前兒童可欣賞的音樂會」。

Auberge 美食巡禮

La Roque d'Anthéron 過後，我們從普羅旺斯地區艾克斯到尼斯，約花了5天到處兜風。

由於有幼兒同行，所以行李較多，移動時也會比較辛苦，選擇自駕旅行可以快速解決各種問題。除了不用擔心趕不上火車時間，孩子也可以依個人喜好的時間小睡片刻。

雖然也可以到了當地再租車，但是因為必須要有嬰兒汽車座椅，所以出發前先在日本預約好會比較安心。很多間租車公司都已經可以透過網路預約，如果路線規畫較為複雜，也可以直接拜託旅行社幫忙。還有國際駕照僅有1年的短效期，先前取得國際駕照者最好要再確認一下有效日期。

住宿方面，每一間都是附有美味餐廳的酒店！普羅旺斯有很多具有米其林二星、三星餐廳的特色酒店。

最能打動我的是位於盧爾馬蘭（Loumarin）的拉菲尼艾爾飯店（Auberge La Feniere）。該飯店內具有可以充分品嘗到主廚創意套餐的正式餐

想在法國開車必須要有國際駕照。詳細資訊請見法國駐日大使館官方網頁。

拉菲尼艾爾飯店是坐落於盧爾馬蘭「法國最美村莊」之一的飯店。具有美麗的庭園與摩登的客房，是一間保證能讓人享有悠閒假期的幸福飯店。這裡還有由 Reine Sammut 主廚帶領的米其林一星餐廳與餐酒館。

廳，以及氣氛輕鬆的餐酒館（Bistro）。在餐廳內吃到的每一道料理都會讓人感動！

我們只在這裡停留兩個晚上，第一天的晚上只有我和先生前往餐廳，孩子則交給已經先預約好的托育員，讓孩子在房間內吃著準備好的嬰兒餐點、玩遊戲等待我們回房間。第二天全家再一起前往餐館。

國外，特別是歐洲對於孩子可否進入的場所區分得非常明確，嬰兒餐椅等需求通常可以透過飯店幫忙預約。

其他，還有「法國最美村莊」景點之一，會舉辦歌劇藝術節的亞威農（Avignon）、以陶器小鎮聞名的穆斯蒂耶聖瑪麗（Moustiers-Sainte-Marie）、港口城市馬賽（Marseille）等處都是風景優美、食物可口，可以依自己的步伐、一路兜風下去的好地方。

聖讓內的震撼力

還有一種一定要特別介紹一下的住宿型態。那是一間在聖讓內（SAINT JEANNET）村莊內，從尼斯出發車程約需30分鐘、僅有2間客房的民宿——Chambre d'hôte（僅提供住宿與早餐的住宿地點）。

這間民宿的主人是一對夫妻，他們自行開山闢土、雇用失業者一起搭設帳棚（並沒有任何設計，真的是由民宿主人與員工一起完成的），飼養著牛、馬、羊、豬、驢、雞等，也有栽種蔬菜、水果以及香草，自己撿拾雞蛋、製作果醬，並且販售至尼斯街道上的餐廳等處，在自給自足生活的同時，一邊經營著這間民宿。

當然，客房也是親手打造的！在以木頭搭建、鋪上布料的寬大帳篷內，擺設了古董床與家具，附有生質能堆肥廁所，並且用一個很大的鐵桶作為浴缸。從停車場到帳篷必須往下走約10分鐘的山路，沒有客房服務，別說是電視，房間內連網路都無法連接，有諸多不便之處。

不過，這種規模以及非常自主的住宿型態，是在日本完全沒有體驗過的環境。

例如，我家孩子可以幫忙餵食動物，早上也會幫忙撿拾雞蛋，還會和爸爸一起下山採集檸檬馬鞭草來泡花草茶，點心則是在農田裡採收到的覆盆子。

沒想到南法之旅的尾聲，竟然能夠與大自然共生，體驗用自己雙手打造的生活。

看到民宿主人夫妻倆真誠地在生活中面對永續、生態、自給自足，

聖讓內民宿「Grain et Ficelle」的女主人是一名極具魅力的女性，原本擔任新聞工作者。雖然僅有2間房間，但住宿者還是必須自行處理自己的生活，這種民宿型態目前仍是現在進行式。http://www.graine-ficelle.com/

那次的住宿經驗也讓我們對未來的世界有了更多的思考。

音樂、歷史、飲食、大自然、截然不同的文化，以及具有自我主張的生活方式，普羅旺斯雖然不是一個都會區，卻是對人類而言蘊藏著非常豐富且重要事物的地方。經過歐洲成熟文化與生活習慣的洗禮，我們成人也可以藉此深切地思考自己的人生與行為。雖然尚未完全消化，我也希望可以在孩子心中撒下這些種子。最重要的收穫是，這趟旅行讓我更加感受到與孩子一起旅行的樂趣醍醐味。

#17

夢想中的
完美郵輪之旅

迪士尼郵輪

（美國／加勒比海）

迪士尼海上之旅

當初之所以想去搭「迪士尼郵輪（Disney Cruise Line）」，其實並不是為了孩子。而是一位我很尊敬的創作家前輩建議我先生：「可以的話，最好也去看看迪士尼郵輪！我覺得可以學到蠻多事情」。

當時兒子剛滿3歲。經歷了南法之旅，我對於帶孩子出國旅行有了一點自信，而且剛好我也非常喜歡迪士尼，於是決定規劃下一次就去體

迪士尼郵輪
http://disneycruise.disney.go.com/
官方網站為全英語。許多間郵輪旅行社都有受理於各個出發地點自行登船的迪士尼郵輪行程。

驗迪士尼郵輪。

迪士尼郵輪其實分好幾種。

迪士尼集團總共具有4艘郵輪，分別有不同的行程規劃，有從巴塞隆納出發到地中海週邊、有從溫哥華出發到阿拉斯加，而我們所搭乘的是從距離奧蘭多約1小時車程的港口—卡納維爾角碼頭出發到加勒比海的行程，依目的地、天數、出發期間等有許多種組合可供選擇。

我想，既然必須先前往美國，應該充分感受一下迪士尼的世界，我們便選擇了可在郵輪前後空檔造訪奧蘭多迪士尼樂園（Walt Disney World Resort, Orlando）的加勒比海6天5夜行程。當時是兒子幼稚園小班時的暑假。

這次我們所搭乘的郵輪是「迪士尼郵輪奇觀號（Disney Wonder）」，客房總數竟然有875間！在11層樓高的船艙內，共有3座游泳池、3間餐廳，還有酒吧、Lounge、點心吧、劇院、電影院、兒童遊戲區、青少年電玩遊樂區、SPA、健身房、商店、足球場，與其說它是一艘船，那規模簡直媲美一座大型度假村。剛開始，我們還在上面迷了路。

客房是兩張單人床，並且附有一個私人露臺，相當舒適！雖然不能說是寬敞，但是每間客房都有床、沙發、書桌、衣櫃，以及乾淨的淋浴

間與廁所，讓人感佩於那恰到好處的設計。

富有設計感的客房，不禁會讓人猜想，或許這就是成人版的迪士尼，帶有一種摩登且沉穩的氣氛。

另外，游泳池邊可以看到米奇與米妮，搭乘電梯下樓處會遇到星際寶貝史迪奇，在表演會場則會看到唐老鴨與公主們，船艙內所到之處都可以遇見這些卡通人物！

一般會在迪士尼樂園內看到的卡通人物就近在咫尺，可以在此和他們擁抱或是與喜歡的人偶一起拍照，不只是孩子，連我自己都非常激動！

歡樂&輕鬆

郵輪上每天都有非常多的活動，會於前一晚將隔天的活動節目表分送至每間客房。

每天都有好幾場看也看不完的迪士尼人偶表演秀。

除了劇場的表演秀以外，泳池邊還有大哥哥與唐老鴨一起跳舞，沒一會兒工夫，又有其他的人偶秀要開始了，真的是非常熱鬧豐富！泳池有一個可以從上方甲板滑下來的滑水道，而且是旋轉式的滑水道，是一個會讓孩子止不住興奮的環境。

我本身也是第一次搭乘這種豪華郵輪，最大的感想就是「完全沒想到會這麼好玩」（笑）。

不論是家族或是情侶出遊，不論是在日本國內或是國外，旅行中的移動過程中，多多少少都會讓人感受到壓力。

然而，郵輪旅行並不存在這種移動的問題。因為，郵輪就是一直在移動著，移動本身就是一種娛樂。在郵輪上玩著玩著，不知不覺就會抵達目的地的停靠港口。或許各位會覺得「郵輪本來就是這樣」，但是我實際體驗過後才知道，這種意想不到的歡樂著實讓我嚇了一大跳（笑）。而且娛樂效果來自於迪士尼，孩子更是開心到完全藏不住笑意！

當初搭乘郵輪的目的是期待抵達邁阿密或是巴哈馬等港口，結果卻整個反過來，變成「享受迪士尼郵輪」才是搭乘郵輪的重點。順道看看許多不同的地點，才是郵輪之旅的正確目的。

不用多說，船上有非常完善的育嬰托兒系統。

值得特筆的是，船艙還是有18歲以下禁止進入的泳池。剛開始時我還很驚訝會有成人自己搭乘迪士尼郵輪嗎？事實上，大家都會把孩子托

房間內的毛巾折成了這種形狀。

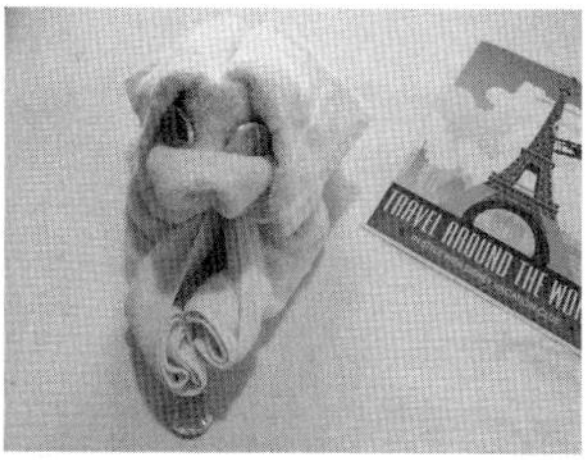

放在兒童專屬活動區，享受自己的時間。

我也試過將孩子托放在一個3小時左右的活動內。

工作人員會交給家長一個像是ＢＢｃａｌｌ的傳訊機，如果有任何問題就會和家長聯絡，甚至幾分鐘後僅傳來一次「剛開始雖然有些不安，但是和工作人員一起玩遊戲後，已經穩定下來，沒問題了」的回覆訊息，完全沒有在活動中途要我們去領回孩子。

接回孩子後詢問他，他說因為聽不懂英文，所以不能參加一些遊戲，但是會有大姊姊單獨陪他玩，所以非常開心。果然是迪士尼的待客之道！

成人也可以學習到的旅程

這趟郵輪之旅中還有一件事情值得一提，那就是在加勒比海上的迪士尼私人島嶼——「漂流島（Castaway cay）」上度過的一天。

這是僅有迪士尼郵輪得以停靠的特別島嶼。郵輪靠港時，可以遠眺電影《神鬼奇航》時使用的道具船「飛翔的荷蘭人號（Flying Dutchman）」。白色的沙灘呼應著碧海晴空，這座小島完全符合「樂園（paradise）」一詞的形象，旅客可以自行度過個人所期望的假期。

在這座可以盡享加勒比海假期的島嶼上，從午餐的ＢＢＱ或是提供自助餐服務的小木屋、可以寄出蓋有漂流島郵戳信件的郵局、販售海灘小物與伴手禮的商店，到島上設施的指示牌，各種事物都完整地呈現出了迪士尼的世界觀，可盡情享受加勒比海小島上的迪士尼度假氣氛。

迪士尼公司在一些非常細節的部分都能徹底貫徹品牌管理，包含在郵輪上也毫不例外。從高水準的表演秀或是派對開始，工作人員的應對進退都隨時掛著笑容，甚至各種活動也都有完美的時間管理，沒有任何空間會讓人浮現出「不滿」或是「失望」等字眼，整體都處於非常完美的狀態。這就是迪士尼的服務品質。

無論是小型的私人俱樂部，或是大型郵輪，迪士尼公司都希望對每個人提供「有趣」、「還想再來」的服務，並且絕對會做到完美。

我先生說：「這已經是一輩子的迪士尼份量了。暫時不需要了（笑）」但是我們的確在品牌管理方面學習到很多東西。

另一方面，對孩子而言充滿夢幻的郵輪之旅是「最初的愉快旅行體驗」。不論如何，都是收穫滿滿的一趟旅程。

漂流島。

#18

完成孩子的夢想！

Mpata Safari Club
（肯亞　馬賽馬拉自然保護區）

實現夢想

非洲莽原地帶一直都是我期盼著未來能夠造訪的地點。

話雖如此，因為地理位置偏遠，資訊也較少，加上孩子也已經出生，實在是找不到實現的辦法。然而，後來因為接觸了四季劇團的《獅子王》，我們終於得以在孩子幼稚園中班那年的暑假成行了！

成行最直接的關鍵就是那齣觀賞了好幾次的《獅子王》，在熟讀舞

隨著奈洛比市中心發生恐怖攻擊事件，日本外務省提醒國人前往肯亞地區應多加謹慎（2014年2月）。請於行前收集因應肯亞緊急狀況時之相關資訊，並且規劃安全因應對策。

台劇的節目手冊、前往動物園或是利用圖鑑查詢了許多關於登場動物們的相關資訊後，兒子說了一句：「我想看一大群的牛羚。牛羚在哪裡呢？」。

的確，牛羚在動物園裡是不太常見的動物。

當我回答「牛羚在非洲唷」，兒子就說：「我想去非洲看牛羚」。

剛開始時我只是隨口敷衍「好啊」，想說應該聽過就不當一回事了，但是隨著兒子一直重複說「我想去非洲看牛羚」，也講述更多關於住在莽原地帶、動物王國的故事給兒子聽後，漸漸覺得「或許真的去一趟非洲，看看《真實版的獅子王》也不錯！反正那也是我一直憧憬想去的地點」，於是便認真地考慮把非洲當作下一趟旅行的目的地。

然而，非洲好遙遠，旅遊書也不多，加上要帶一個4歲小孩前往，必須充分擬定飛行計畫，也必須避免較為辛苦、危險的行程。

一開始我只有針對南非進行調查，後來發現暑假這段期間在肯亞的馬賽馬拉自然保護區，或是坦桑尼亞的塞倫蓋提國家公園能夠遇見的動物種類最多，交通方面也是最合適的地點。

其中，鄰近馬賽馬拉自然保護區、位於Oloololo之丘的「Mpata Safari Club」度假小木屋是由日本人所經營，設計師為Edward鈴木先生，飯店

馬賽馬拉國家保護區：是位於肯亞西南部，具有320平方公里廣大草原的地帶。保護區內有2條河川流經，有許多動物棲息在此。

塞倫蓋提國家公園：緊鄰馬賽馬拉、是位於坦桑尼亞北部、廣大的熱帶莽原地帶。在全世界享有盛名、橫跨兩個地區的牛羚大遷徙就是在此。1981年列入聯合國教科文組織人類世界遺產（自然遺產）。與馬賽馬拉國家保護區同樣，幾乎可以在此見到所有棲息於東非的動物物種。

的菜單則是由三國清三主廚把關，並且將位於草原中的23間村舍作為客房使用。

除此之外，馬賽馬拉還有好幾個度假小木屋，有很多日本人或是可用日語溝通的工作人員常駐在此，即使帶著孩子也可以安心前往，所以我毫不猶豫就決定是這裡了。

如果是僅有成人的旅行，就不需要考量是否有日本工作人員存在的問題。然而，萬一發生孩子遇到須要移動至大城市的緊急事件時，我還沒有可以完全用英語處理的自信，因此在遙遠的異國，是否有會說日語的工作人員存在這點實在非常重要。

還有一點，當時兒子有食物過敏的問題，必須先請家醫科醫師開立可隨身攜帶、以防萬一的常備藥物「腎上腺素（Epinephrine）」，那是一種可以用來舒緩全身性過敏反應症狀的自行注射筆。

當然，前往Mpata的路途非常遙遠，也沒有飛機直飛肯亞，因此必須先在杜拜住一晚，等待轉機。到達肯亞後，還必須花30分鐘車程從內洛比國際機場*（Nairobi International Airport）的國際線移動至國內線的內洛比威爾森機場。

內洛比威爾森機場，是一個乍看之下不像機場的平房式建築。登機

Mpata Safari Club
http://www.mpata.com/
度假小木屋興建於腳下即有馬拉河流經的懸崖位置。主要活動是狩獵車巡遊（Safari Drive or Game Drive），也可以預約拜訪馬賽族或是熱氣球狩獵巡遊等活動。停留時期，還會幫忙將寫好的明信片投遞。也有許多露天的餐廳或是酒吧。

*內洛比國際機場（Nairobi International Airport）目前已改名為喬莫・肯亞塔國際機場（Jomo Kenyatta International Airport）

口也沒有起飛降落的廣播資訊，海關只是看了一下機票就用手指著「那邊」，讓旅客自己走到他所指的小型客飛機前方等待，但是明明有好幾架類似的小型客機同時停在那裡，完全沒有寫出目的地，令人非常擔心，內心也很不安。

進行狩獵巡遊活動的關鍵在於選擇一間好飯店

不僅是馬賽馬拉，所有的國立保護區應該都一樣，前往狩獵巡遊（Safari Drive）時，必須要有專用四輪驅動車以及具有「肯亞專業狩獵導遊」執照的司機與導遊隨行。這部分的協調必須交由飯店代為處理。此外，也有可以從熱氣球上遠眺動物們的熱氣球狩獵巡遊活動。其他像是拜訪馬賽族的村落，或是到附近的維多利亞湖釣魚等活動，皆可由飯店方面主導或是辦理。

此外，令人意外的是當地幾乎找不到類似餐廳的地方，餐飲全部都只能在住宿的飯店解決。

因此，當地所有的活動基準都是飯店。即使只是為了狩獵巡遊活動而前往當地，為了能夠舒適地的度假，飯店的選擇都非常關鍵。

興建於視野良好、丘陵上的飯店（右圖）可以一覽寬廣的大地（左圖）。

實際來到馬賽馬拉後，就會覺得這裡真的是「動物王國」，人類只是來這裡叨擾牠們的。

這裡還沒有接電，各家飯店都是採取自行發電的方式。如果要洗熱水澡，客房可以使用的電力的時間是早上5點到10點，晚間18點到22點半。櫃台雖然備有緊急用電，但是除此之外的時間僅能以手電筒或是蠟燭度過，稍微會覺得有些不方便。但是卻不會有什麼特別不自由的感覺。

停電是常有的事情，即使是在可以使用電力的時間內，也會遇到停電，但是當地人卻會覺得「這只是小事，沒什麼大不了的」，讓我們親身體驗到大自然所具有的壓倒性魄力。

每天，人類都被地球、自然、大地、生命所擁抱著。

Mpata Safari Club

在談狩獵巡遊的話題之前，我們稍微來聊一下Mpata。

這是一間由日本人所開設的飯店，有一半左右的客人都是日本人，剩下的則幾乎都是歐洲各國的人士。

除了情侶或是年長的夫妻外，也有許多來自歐洲的家庭，因此餐廳

度假小木屋的名稱「Mpata」，是來自於一位非洲畫家的名字。其繪畫作品明亮、質樸且震撼力強，可以讓人感受到非洲的靈魂，驚艷了全世界。

也會特別考量幼童的需求，準備兒童餐椅。

Game Drive（這間飯店用此名稱表示狩獵巡遊活動）會在早上6點以及傍晚動物會再度大量出現的15點出發，共有2個梯次。在保護區內搭乘沒有車頂的6人座吉普車巡遊。其他，如前述的熱氣球狩獵巡遊以及手工藝等活動之外，還有可以和飯店預約製作傳統的單弦樂器「Shiriri」，或是和馬賽族女性學習製作串珠項鍊等活動。

在飯店內散步時，巧遇一些色彩鮮艷的蜥蜴等小動物並不足為奇，踏出飯店大門，還可以看到長頸鹿或是斑馬等悠閒地在面前行走。

村舍形式的客房可以眺望水平線一望無際的非洲大草原。「地球真的是圓的！」我們一家三口每天都在此具有全新的感動。

經常被人問到：「肯亞的食物如何」，這一點其實不用擔心。餐廳已經幫我們決定好了當日的早餐、午餐、晚餐，主菜與點心都是二擇一。有時也會採用自助餐的形式。基本上就是燉牛肉或是千層麵等簡單的西式食物，偶爾會有一些非洲當地的食物，也非常美味、好入口。

晚餐時還會有馬賽族的舞蹈表演以及Shiriri演奏，軟硬體都非常充實，是一個很棒的住宿體驗。

彈奏自己製作的「Shiriri」。

真實版的獅子王

對兒子來說，馬賽馬拉是由獅子王所統治的動物王國。

對我們而言，要說這裡簡直就是「真實版獅子王」的世界也絕不為過。

大部分的動物們一早就活動頻繁。

清晨，我們就不斷地在動物王國中直擊許多戲劇般的場景，例如：看見數頭母獅悄悄接近牛羚群，慢慢縮短距離後襲擊的瞬間。在狩獵巡遊活動中，看到的光景絕對都是獨一無二的！

有時，走過正在慢條斯理地品嘗剛剛狩獵到牛羚的獅子旁邊，總會覺得空氣中飄散出一股平常完全沒有聞過的氣味。

我想，這就是屍體的氣味，是一種讓人被迫去感受生與死的體驗。

我們也見過在想要渡河的羚羊群中，一隻鱷魚咬住羚羊的腳，結果羚羊很快就死去的場景。其他羚羊也只能趕緊往前走。幸運渡河到對岸的羚羊不會再受到鱷魚無情地襲擊，鱷魚力氣用盡後，便在一旁靜靜等待。攻防戰的決勝點在數小時之後，正當我們準備離開那個地點，卻看

這是其中一天的晚餐。一盤當地食物。

到突然出現的河馬開始驅逐鱷魚，兒子說：「河馬救了羚羊！河馬好厲害唷！」兒子非常感激河馬如此有勇氣的行動等。這是現實生活中幾乎不可能發生的事，勢力範圍受到侵犯的河馬竟然會威嚇鱷魚。但就算奇蹟發生，原本那隻羚羊得以逃脫，受傷的腳也只能讓牠坐以待斃吧！

我們多次親眼目睹這種「大自然的規律」，一方面受到衝擊，一方面也同時看見許多動物們之間情感交流的場景。得以看到如此美麗、值得讚嘆的動物原始姿態，現在回想起來都還覺得非常激動。

這趟肯亞之旅得以「完整巡禮」這場大型的狩獵巡遊活動，讓我們全家人體驗到自然的偉大、生命的珍貴與殘酷，實在是千金不換的珍貴回憶。

#19

絕無僅有的南太平洋
碧海藍天

大溪地　波拉波拉島（法屬玻里尼西亞）

世界上最美的度假勝地

位在南太平洋大溪地眾多島嶼中的波拉波拉島是個美麗的島嶼，島上的「Bora Bora Hotel」是我與先生在這世界上最愛的一間飯店。

當時（2013）這間飯店正在整修，尚未確定何時完工。這個彷彿夢中才會出現的南方島嶼具有晴空碧海，到了晚上會有魟魚靠近靜謐的棧橋，可以餵食鯊魚（附有鯊魚專用餌），也能在魚群包圍下游泳、

Bora Bora Hotel 是 Aman Resorts 連鎖飯店之一。位於波拉波拉島上最美的 Pointe Raititi，是一間優雅小巧的古老飯店。具有奢華的室內裝潢，並且對待客人無微不至。世界各地都有人表示正在期待他們重新完工。

浮潛，許多無法在其他地方體驗到的活動讓這座美麗的島嶼更添魅力，所以我們一直期望著某天可以全家一起造訪。然而我們意外在兒子6歲時便實現了這個願望。

無憂無慮的水上屋，大溪地給人的印象或許比較偏向屬於成人的度假村。然而，那如寶石般美麗的大自然、海水帶來讓人屏息的感動，也是想讓孩子體驗的事物之一。

如果要去大溪地，就一定要住住看帶有奢華感的度假型飯店。我本來以為那樣的飯店通常僅服務成人，沒想到有些飯店卻附有兒童俱樂部，兒童專屬的活動也非常豐富，全家人都可以在這裡度過一段舒適的旅程。幾乎所有的飯店官網上都會特別列出攜帶兒童入住的規範，可以先好好確認一下！

水上屋

波拉波拉島上最奢華的度假型飯店就是水上屋了！

與孩子一起前往大溪地時，我們選擇住在「Four seasons Bora Bora（波拉波拉四季度假酒店）」的水上屋。客房起居室的地板有一部份是

波拉波拉島是法屬玻里尼西亞中的社會群島（îles de la Société）之一。從大溪地島首都─巴比提搭乘大溪地航空直飛50分鐘即可抵達波拉波拉機場。從機場到飯店必須搭乘小船。這片美麗的海魅惑了許多人，因為海水的透明感，以及棲息在岩礁內的魚種相當多，也是眾多潛水員所憧憬的地點。

透明玻璃，可以從該處看到海中的景色，並且附有私人泳池。

室內空間摩登且舒適，眼前是澄淨的天空、純白色的雲朵，以及可以用所有藍色色階描繪出的海。耳朵隨時都能聽到溫柔的海浪聲，是一個會讓人感到非常幸福的地方。

Four seasons Bora Bora中除了有私人泳池外，也有一個讓人心情非常舒爽的大型泳池（波拉波拉的海水非常美麗，所以有些飯店並不會附設大型泳池）以及浮潛專用的潟湖等，即使不到海裡，寬廣的飯店內也有很多可以好好享受的地方。

不僅是在波拉波拉島，Four seasons系列飯店內的「Kids For All Seasons」都有準備針對5～12歲兒童的免費活動。波拉波拉島上每天都有豐富的室內以及室外活動，像是與海洋生物學家同行的浮潛活動、沙龍裙（Pareo）彩繪、使用椰殼或是貝殼製作手工藝品等。我們投宿的時間點正好是年底到新年時期，除夕那天飯店還規劃了「Kids Karaoke Party」。

大溪地的體驗除了會成為孩子非常珍貴的回憶外，住在這種世界性的度假村內也是與世界各國孩子們交流的絕佳機會，我個人非常推薦！

餐廳方面共有四間提供美味海鮮料理的主題餐廳，其中有提供自助

Four seasons Bora Bora 的水上屋。

Four seasons Bora Bora 的水上屋網站
https://www.fourseasons.com/borabora/
從機場搭乘小船15分鐘，即可抵達。這間於2008年開幕的飯店摩登且舒適，飄散著一股玻里尼西亞的氣氛。隨著客房可看到的視野不同，水上屋共有三種房型。

式早餐與午餐以及輕食晚餐服務的餐廳，有可在海邊餐桌享受魚肉料理等成人氛圍的酒吧，也提供沙拉或三明治等輕食的泳池吧檯。客房外有一個突出至水上的棧板，也可以在棧板的餐桌上享受客房服務，住宿期間內的用餐選擇非常豐富多元。

與鯊魚共泳！

　波拉波拉島上最主要的活動就是餵食鯊魚&魟魚。搭乘小船前往有許多隻約120cm長的黑邊鰭真鯊棲息地點，再由當地導遊灑下魚餌，不會小船周圍就聚集了許多鯊魚。

　光是這樣的景象就已經讓人覺得非常驚恐，然而我們卻準備了潛水衣，要離開小船進入海中與鯊魚一起游泳！

　身邊究竟有幾頭鯊魚，根本數不清楚。由於游得非常貼近，有時還會四目相接。鯊魚的臉近在咫尺，實在讓人非常害怕。據說實際上這是不會襲擊人類的鯊魚種類，但是仍須注意避免向鯊魚伸出手指。「伸出手指就會被咬嗎？」光是想像就令人毛骨悚然。

　其實這個活動我已經參與第三次了，但是不論體驗幾次都還是覺得

非常期待！兒子將浮潛面罩的管子放入口中，興奮地像是要把管子前端咬斷一樣用力，還一直大叫。

魟魚也會與鯊魚一起靠過來，但是魟魚就顯得可愛多了。不過因為魟魚的尾巴很長，一不小心就會碰到牠的尾巴，被堅硬的觸感嚇到。

離開餵食鯊魚的地點後，我們又從另一個地點進入海洋，那裡有著更多令人不可置信的事物，以及能被色彩鮮豔魚群包圍的浮潛活動在等著我們。

我想，即使是進入水族館的魚缸，也不可能會出現在這麼多魚群包圍下游泳的光景！別說是眼斑雙鋸魚（俗稱小丑魚），還有棘蝶鱼（俗稱神仙魚）以及其他各種大小、色彩鮮豔的魚群，甚至連鯙鰻都會出現，簡直就是「真實版美人魚」的世界。

我有一種去了肯亞會打擾到動物世界，來到波拉波拉島則會打擾海中生物世界的感覺。如此特別的大溪地，更讓人對於大自然壓倒性的魄力深深感動。

遇到這種來自大自然的動態魄力時，心頭一震的感動並不會因為時間而褪色，只要回想起來，心情就會變得澄淨、安穩。

鯊魚會在非常靠近的地方悠游著。

兒子一直將波拉波拉島上撿到的漂亮貝殼放在桌上，也非常重視。

我思忖著，孩子的心中除了「快樂」之外，還會留下些什麼呢？

令人讚嘆不已的魚群世界。

#20

民俗色彩豐富的異國

瓦倫西亞的火節（西班牙）

火焰巡禮

我想每個人心中都有所謂「異國」形象的國家吧！對我來說就是西班牙或是俄羅斯。特別是西班牙，因為比起美國、英國或法國，西班牙的資訊甚至還比義大利的資訊更少，但是西班牙的佛朗明歌舞蹈（Flamenco）、鬥牛、阿爾罕布拉宮（Alhambra）、聖家宗座聖殿暨贖罪殿（Sagrada Família）等異國情調的指標性文化、傳統、建築卻又相當有名。記得我小時候看到這些資訊後，就經常將西班牙當作「有一天一定要去看看的異國」首選國家。

因此，我從很久以前就開始從書上等處收集相關資訊，並且從中發現最能夠用來代表西班牙這個熱情國家的事物，就是規模龐大的慶典。

街道上佈滿穿著佛朗明哥服裝人們的賽維利亞（Seville）四月春會（Feria de Abril）、庇里牛斯山附近小鎮——潘普洛納（Pamplona）的奔牛節（聖佛明節），還有每年3月中舉辦的、宣告春天到來的瓦倫西亞（Valencia）火節（聖荷西火節），併稱為西班牙三大慶典。

面向地中海的西班牙第三大都市——瓦倫西亞，每年一到3月14日廣場與大街小巷，就會出現稱之為「焚偶（Fallas）！」的大型人偶。

據說最大型的人偶會超過30 m，幾乎有3層樓高。有些人偶是希臘神話、有些是電影的一個場景，或是搭配不同主題由數個人偶組成，有的既有趣又諷刺，有些還會特別製作人偶的背景。

因為這些人偶會隨意放置在街頭，所以會有一種錯覺，好像整個街頭變成了一個不可思議的主題公園。

這種紙型焚偶會由各地區的焚偶製作專業團隊費時一年製作完成。

然而，在那麼多的人偶當中，除了經票選最受歡迎的那一尊之外，其餘

稍微來聊一下關於瓦倫西亞這個地方。

這是一個面向地中海的西班牙東部海岸地區。是著名的瓦倫西亞瓦橙（Valencia orange）產地。也是氣候溫暖的稻米產地，在米飯上加入魚貝類的西班牙烤飯就是在此地發祥的。在歷史上是眾多民族往來之地，不只有伊比利亞人，還有羅馬人、迦太基人、伊斯蘭教徒等，因此在歐洲地區算是極具異國風情的地區之一。

瓦倫西亞市官方網站：
www.visitvalencia.com/

的都會在火節的最後一天，也就是3月19日的深夜點火燃燒到20日的黎明！

只要放有焚偶的地方，就會有一種脫離現實的特殊風景，然而最後竟然全部都必須點火燒毀，這到底是怎樣的慶典呢？我一直想前往一探究竟。在兒子幼稚園畢業後的那年春假，我們決定要實現這個願望。

上小學後，春假開始的時間會變得稍微比較晚，隨著年級增長，也會因為社團活動而忙於學校生活。如果錯過今年，或許就沒有全家一起去看火節的機會了。這是我們選擇這一年前往的理由。

幼稚園的畢業典禮是在3月16日，我們隔天17日從日本出發，經由巴黎前往，即可在18日抵達瓦倫西亞。最高潮的時段是在19日深夜。

出發前，和兒子聊了一些關於火節的事情後，他說：「我去過好多跟水有關的旅行，卻從來沒有去過跟火有關的旅行，好期待喔！」當初命名時，我們就將「像火一樣強大、像水一樣優美」的願望放入兒子的名字當中，6歲時他說他很自豪並且認同自己的名字，讓我們感到驚訝。

想知道更多西班牙文化，還可參考以下網站：acueducto.jp/

巨大的焚偶

猛烈！

火節期間的瓦倫西亞非常具有慶典氣氛！

身為西班牙三大慶典之一的火節果然不一樣，廣場擺滿了焚偶，從世界各地湧入的觀光客人數比周邊的居民還多。混亂中會一直聽到啪啪啪的爆竹（Petardo）聲響，剛開始時我還嚇了一跳！

聽說有許多一年當中僅在火節期間營業的爆竹專賣店，更令人驚訝。其他時間這些店家究竟在做些什麼呢？

爆竹會依年齡而有購買的種類限制，因為機會難得，我們也想買一些去廣場放放看，沒想到才剛決定，男生們就流露出迫不及待的樣子！因為東京不能夠放爆竹，所以覺得相當刺激！

慶典的夜晚會施放煙火，但是這裡的煙火與日本的完全不同！會一直不停地往天空上打，而且毫不間斷地發出超大巨響！完全沒有日本那種欣賞一個個煙火形狀與顏色美感的空間。詢問長期住在瓦倫西亞的日本人，據他的說法是之前這裡的人覺得日本的煙火技術非常厲害，還特別找了日本的煙火設計師過來，但是瓦倫西亞的孩子並不滿意，因為這

立刻就來試放爆竹。左邊照片是參與獻花遊行、身穿民族服裝的女性。

種才是他們可以認同的猛烈程度。

不只是這些刺激的事物，期間還會有身穿民族服裝的男女老幼向聖母瑪利亞獻花的大遊行，隨著樂隊進入廣場的遊行隊伍，人人都顯得非常有精神、打扮得華麗美艷，空氣中洋溢著慶典的幸福味道。

接著就是最高潮的時間了！

由於只會將當年度最受歡迎的一尊留下，其餘焚偶都必須點火燒毀，街上到處都有被火焰包圍的人偶們燃燒著，讓人很擔心是否會因此引發火災。

雖然有消防隊在一旁待命，順利地點火燃燒，但還是會有強烈的壓迫感！用紙張與木頭做成的人偶們瞬間就成了火柱，成為灰燼被吹散而坍塌。最後，龐大的焚偶完全被燃燒殆盡，也讓人有一種很深的惆悵感。如果在那個時間點從空中俯瞰街道，想必會覺得瓦倫西亞正在燃燒吧！

聽說火節期間學校都會放假，所以即使是深夜，孩子們也會從旁參與這一大盛事，隔天早晨再回到學校上課。成人也像沒事一樣，回歸正常的生活。

爆竹、煙火、包圍著焚偶的火焰，隨著佛朗明哥舞的劇烈節奏用手打拍子，西班牙真是一個具有「猛烈」形象的國家。和我曾經造訪過的

燃燒殆盡的焚偶

馬德里或是巴塞隆納等都市完全不同，對孩子而言，由這種帶有豐富民俗特色的地方街道所帶來的「異國」體驗，衝擊力道肯定也非常強烈。

世界如此寬廣，各個地方都有各種不同的人們在生活著，並且慎重地傳承著各種豐富的歷史與文化，希望這樣的感受會與西班牙熱情的火焰回憶一起留在我們心中的某個角落。

享受美食

西班牙食物真的非常美味！以橡實餵養、放牧飼養的豬隻作成的生火腿——「伊比利亞火腿（Jamón de bellota ibérico）」、種類多元的西班牙烤飯、豐富的魚貝類及肉類料理、新鮮的蔬菜，好像四處隨便吃都覺得「好吃」。連兒子都說「西班牙食物真好吃，還想再來！」這也是一趟對當地美食印象非常深刻的旅行。

令人最開心的是這裡有許多氣氛非常輕鬆的店家，都可以帶著孩子前往。只可惜開店時間都非常晚。午餐大約要等到下午一點點半，晚餐則大約要到晚上八點半，餐廳才會開門。

剛開始的頭2、3天，兒子一直說「肚子好餓，快昏倒了」只能用洋芋片填一下肚子，但吃完晚餐後，兒子又瞬間睡著，我和先生只好輪流揹著兒子走回飯店，實在有點辛苦（笑）但是幾天後，身體好像就自然地習慣了，後半段的旅程也可以毫無窒礙地享受餐飲。

不論怎麼說，這些美味的西班牙食物總能吹散這些疲勞！不論成人或小孩，美食絕對是旅行最大的樂趣之一。

後記

本書所介紹的這些體驗，都是在兒子2歲到6歲時遇見的事物。在孩子仍保有多樣可能性的幼兒時期，我們著眼於這些基礎上的感性培育，學習知識則留待後續。在這樣的日子裡，可以自然而然地在大自然間遊戲、享受戶外的活動。這幾年，我期望孩子可以隨著成長，多多接觸足以養成個人特質的歷史與文化、學習可與全世界溝通的各種語言，確實打造好能夠承接未來的身心基礎。

或許當事人的個性會自然而然地展現出來，但即使做過許多自然遊戲的活動，我們家兒子到現在仍不是戶外派，也不是淘氣的運動少年。

剛上小學時，有次兒子帶了一份家庭作業回家，要製作自我介紹卡。要在自己的圖畫旁邊寫下名字、家庭成員、喜好、擅長的事等。但是在擅長的那一欄中，卻寫了「魔術」與「感受力（sense）」，擅長的事情竟然是「感受力」？看到的時候，我相當錯愕。

孩子究竟是何時知道「感受力」這個詞的呢？我覺得很不可思議，這是平常存在於我和先生之間、談話時會出現的名詞，我再次注意到「孩子都是看著大人一舉一動、聽著大人的談話長大的」。延續日常生活，加上一些非日常的特殊體驗，我也確實感受到，這些全都會是形成孩子性格的插曲（episode）。

目前，兒子對於極真空手道非常著迷，非常希望可以實踐道場訓示「透過空手道，實踐進行生涯修業，完成極真之道」，在遇見許多事物的過程中，得以掌握自己真正喜愛的事物，或許也是一種「感受力」。孩子喜愛的事物隨著成長一定還會有所變化。不過，只要孩子能說出口，並且堅信「透過〇〇，實踐生涯之道，完成〇〇」，我就希望能夠一直支持孩子，我的責任是讓孩子能夠持續延伸其感受力、找到喜愛的事物。

7歲過後的幾年間，孩子逐漸擴大興趣的範圍、增加一些個人主動想去做的事情，並且達到了與過去完全不同的境界。不過，孩子與我們之間，這些人生中無可替代的時光是不會改變的。在成長過程中，會遇到許多「未知數」，我希望我們能夠一起享受這些未知的遭遇。

最後，由衷感謝筑摩書房大山悅子小姐給我撰寫本書的機會、總是針對結構與書稿提供給我非常明確的建議。感謝高橋梁先生給予我一本設計得超棒、可以重現回憶場景的書。感謝所有透過本書與我一同度過這些美好時間與經驗的你們。真的非常感謝。

佐藤悅子

Note

Note

國家圖書館出版品預行編目（CIP）資料

富養小孩：有錢人培養國際觀的 20 個親子體驗／
佐藤悅子著；張萍譯. -- 初版. -- 新北市：
世茂, 2018.05
面； 公分. --(婦幼館；163)

ISBN 978-957-8799-20-2（平裝）

1.親職教育 2.親子關係

528.2 107002425

婦幼館 163

富養小孩：有錢人培養國際觀的 20 個親子體驗

作　　者／佐藤悅子
譯　　者／張萍
主　　編／陳文君
責任編輯／曾沛琳
封面設計／林芷伊
出 版 者／世茂出版有限公司
地　　址／（231）新北市新店區民生路 19 號 5 樓
電　　話／（02）2218-3277
傳　　真／（02）2218-3239（訂書專線）
劃撥帳號／19911841
戶　　名／世茂出版有限公司
世茂網站／www.coolbooks.com.tw
排版製版／辰皓國際出版製作有限公司
印　　刷／祥新印刷股份有限公司
初版一刷／2018 年 5 月
I S B N／978-957-8799-20-2
定　　價／280 元

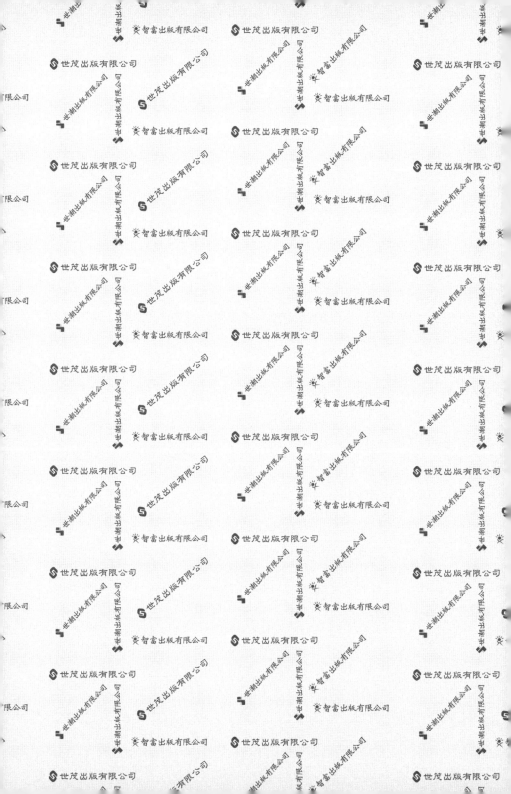